［過去問］

# 2024
# お茶の水 女子大学 附属小学校
# 入試問題集

Shinga-kai

## お茶の水女子大学附属小学校
# 過去15年間の入試問題分析
# 出題傾向とその対策

## ■ 2023年傾向

第一次抽選の通過者を対象に第二次検定が行われました。内容に大きな変更はなく、個別テスト、集団テスト、保護者面接が行われました。保護者面接では、家庭で大切にしていること、スマートフォンやタブレット端末などのIT機器の家庭での対応について質問がありました。また、検定手続き当日に保護者を対象にしたアンケートも例年同様実施されました。

## ■ 傾　向

国立大学の附属小学校の中でも第一次抽選の倍率が高い学校です。抽選は、A（4月2日から7月31日生）、B（8月1日から11月30日生）、C（12月1日から4月1日生）の生年月日ごとに男女3グループずつの計6グループに分かれてそれぞれ行われ、選出された合格者が第二次検定を受検できます。選出人数は、2013年度までは各グループ50人ずつ、2014～2020年度は70人ずつ、2021～2023年度は50人ずつとなりました。考査の個別テストでは具体物を用いたいくつかの課題を通して、理解力や表現力、取り組む意欲など、年齢相応の成長度合いが見られています。絵カードやタブレット端末の画像を使用してお話作りをしたり、2種類のボールが水に沈むかどうかを予測してから確かめたり、積み木や小さなリング、ひもやリボンなどを使って実際に高さや数、長さを確かめたりする課題、自分ならどうするかという判断力や自主性などが求められる課題が出されています。また、テスターと正対してお話がしっかりできることも重要になります。その際、単語ではなく文章で話せること、あまり長い時間考え込まないようにすることもポイントです。集団テストでは行動観察、自由遊びやゲーム、制作や巧緻性など幅広く活動が行われます。4、5人のグループになって一緒に遊ぶものを作ったり、劇遊びを行ったりするなどの行動観察や自由遊びが例年出題されており、初めてのお友達と仲よく活動できるか、相談ができるかなどが見られています。そのほかにも順番を待つ、譲り合うといった社会性や協調性があるかどうかに加え、遊具の扱いなどの生活習慣も見られています。集団テストの中での個人制作も毎年のように行われており、折る、切る、貼る、結ぶなどの基本的な手先の作業力、きちんと指示を聞く力、意欲的

に取り組む姿勢も見られているといえるでしょう。運動テストが行われる年もあり、これまでにはケンケンや平均台、クマ歩きなどのバランス運動、スキップやイモムシゴロゴロのような基礎運動を含む連続運動の出題がありました。

# 対　策

個別テストでの課題やテスターとのやりとりは、理解力や表現力も見られるうえにスムーズな受け答えが要求されます。じっと黙っていると理解していないのだと誤解されてしまうので、日ごろから親子で会話を楽しみ、またお買い物をさせるなどして親以外の大人とやりとりをする機会を設け、初対面の人とも物おじせず会話ができるように習慣づけておきましょう。個別テストでは具体物を用いた推理・思考や構成、数量の課題が出されています。重さ比べや影の問題も、その仕組みなどを日常の体験から理解しているかが大切です。たとえばシーソーは重い方が下がるとわかったら、「じゃあ、つり合うようにするにはどうしたらよいか」などと工夫を促し展開させていくとよいでしょう。また、形や大きさに見合った入れ物にお片づけをしたり、お誕生日のケーキを実際に人数分に切り分けたり、おやつを同じ数ずつ取り分けたりするなど、お手伝いを含めた生活全般を通じて、自然な形で大小の比較や構成、数の操作などの力を身につけるよう心掛けてください。また自分で考え、自信を持った受け答えができるようにすることも大切です。子どもが不思議に思ったことを親子で一緒に調べたり、興味を持ったことや楽しいと思ったことを自分の言葉で積極的にお話しさせたりするような機会を設けてください。親が楽しそうに聞き、ほめてあげることがポイントです。巧緻性・制作の対策としては紙を折る、丸める以外に、はさみやのりの扱い、ひも通しやひも結びなど、基本的な手先の作業力を身につけておくことが必要です。家庭でも制作を楽しむ環境を作り、過去問にも取り組んでおくとよいでしょう。難しくても自分で作ったという満足感を味わい、できたという自信を育むことが大切です。行動観察の対策としては、コミュニケーション能力を高めておくことが重要ですから、そのベースとして、まずはきちんとしたあいさつを心掛けましょう。そして、さまざまなお友達とかかわる力を身につけるには、新しいお友達と遊ぶ機会を設けることです。また自由遊びでも、1つのおもちゃからずっと離れないといったことにならないよう、いろいろな遊びを経験させておくとよいでしょう。共同制作や作ったものを使ってみんなで遊ぶ課題、ゲーム、劇遊びなどでは、お約束を守って仲よく遊ぶこと、みんなで協力することが求められます。普段からその大切さにふれ、注意を促していきましょう。運動の課題はそれほど難しいものではありませんが、日ごろから楽しく体を動かし練習する機会を増やしておきましょう。

# 年度別入試問題分析表

【お茶の水女子大学附属小学校】

| | 2023 | 2022 | 2021 | 2020 | 2019 | 2018 | 2017 | 2016 | 2015 | 2014 |
|---|---|---|---|---|---|---|---|---|---|---|
| **ペーパーテスト** | | | | | | | | | | |
| 話 | | | | | | | | | | |
| 数量 | | | | | | | | | | |
| 観察力 | | | | | | | | | | |
| 言語 | | | | | | | | | | |
| 推理・思考 | | | | | | | | | | |
| 構成力 | | | | | | | | | | |
| 記憶 | | | | | | | | | | |
| 常識 | | | | | | | | | | |
| 位置・置換 | | | | | | | | | | |
| 模写 | | | | | | | | | | |
| 巧緻性 | | | | | | | | | | |
| 絵画・表現 | | | | | | | | | | |
| 系列完成 | | | | | | | | | | |
| **個別テスト** | | | | | | | | | | |
| 話 | ○ | ○ | ○ | ○ | ○ | | ○ | ○ | ○ | ○ |
| 数量 | ○ | ○ | | ○ | ○ | ○ | ○ | ○ | | |
| 観察力 | | | | ○ | | | | | | |
| 言語 | ○ | ○ | ○ | ○ | ○ | ○ | ○ | ○ | ○ | ○ |
| 推理・思考 | ○ | ○ | ○ | ○ | ○ | ○ | ○ | ○ | ○ | ○ |
| 構成力 | | ○ | | | | | ○ | ○ | | ○ |
| 記憶 | ○ | | | | | | | | | |
| 常識 | ○ | | ○ | | ○ | | | | | ○ |
| 位置・置換 | | | | | | | | | | |
| 巧緻性 | | ○ | | | | ○ | | | | |
| 絵画・表現 | | | | | | | | | | |
| 系列完成 | | | | | | | | | | |
| 制作 | | | | | | | | | | |
| 行動観察 | | | | | | | | | | |
| 生活習慣 | | | | | | | | | | |
| **集団テスト** | | | | | | | | | | |
| 話 | | | | | | | | ○ | | |
| 観察力 | | | | | | | | | | |
| 言語 | | | | | | | | | | |
| 常識 | | | | | | | | | | |
| 巧緻性 | | ○ | | | | | | | | ○ |
| 絵画・表現 | | ○ | | ○ | | | | | | |
| 制作 | ○ | ○ | ○ | ○ | ○ | ○ | ○ | ○ | ○ | |
| 行動観察 | ○ | ○ | ○ | ○ | ○ | ○ | ○ | ○ | ○ | ○ |
| 課題・自由遊び | | | | | | | | | ○ | ○ |
| 運動・ゲーム | ○ | | | | ○ | ○ | | | ○ | |
| 生活習慣 | | | | | | | | | | |
| **運動テスト** | | | | | | | | | | |
| 基礎運動 | | | | | ○ | | | | | |
| 指示行動 | | | | | | | | | | |
| 模倣体操 | | | | ○ | ○ | | | | | |
| リズム運動 | | | ○ | | | | | | | ○ |
| ボール運動 | | | | | | | | | | |
| 跳躍運動 | | | | | ○ | | | | | |
| バランス運動 | | | | | ○ | | | | | |
| 連続運動 | | | | | | | | | ○ | ○ |
| **面接** | | | | | | | | | | |
| 親子面接 | | | | | | | | | | |
| 保護者(両親)面接 | ○ | ○ | ○ | ○ | ○ | ○ | ○ | ○ | ○ | ○ |
| 本人面接 | | | | | | | | | | |

※この表の入試データは10年分のみとなっています。　　　　　　　　　　※伸芽会教育研究所調査データ

# 小学校受験Check Sheet

　お子さんの受験を控えて、何かと不安を抱える保護者も多いかと思います。受験対策はしっかりやっていても、すべてをクリアしているとは思えないのが実状ではないでしょうか。そこで、このチェックシートをご用意しました。1つずつチェックをしながら、受験に向かっていってください。

## ✳ ペーパーテスト編

①お子さんは長い時間座っていることができますか。

②お子さんは長い話を根気よく聞くことができますか。

③お子さんはスムーズにプリントをめくったり、印をつけたりできますか。

④お子さんは机の上を散らかさずに作業ができますか。

## ✳ 個別テスト編

①お子さんは長時間立っていることができますか。

②お子さんはハキハキと大きい声で話せますか。

③お子さんは初対面の大人と話せますか。

④お子さんは自信を持ってテキパキと作業ができますか。

## ✳ 絵画、制作編

①お子さんは絵を描くのが好きですか。

②お家にお子さんの絵を飾っていますか。

③お子さんははさみやセロハンテープなどを使いこなせますか。

④お子さんはお家で空き箱や牛乳パックなどで制作をしたことがありますか。

## ✳ 行動観察編

①お子さんは初めて会ったお友達と話せますか。

②お子さんは集団の中でほかの子とかかわって遊べますか。

③お子さんは何もおもちゃがない状況で遊べますか。

④お子さんは順番を守れますか。

## ✳ 運動テスト編

①お子さんは運動をするときに意欲的ですか。

②お子さんは長い距離を歩いたことがありますか。

③お子さんはリズム感がありますか。

④お子さんはボール遊びが好きですか。

## ✳ 面接対策・子ども編

①お子さんは、ある程度の時間、きちんと座っていられますか。

②お子さんは返事が素直にできますか。

③お子さんはお父さま、お母さまと3人で行動することに慣れていますか。

④お子さんは単語でなく、文で話せますか。

## ✳ 面接対策・保護者（両親）編

①最近、ご家族での楽しい思い出がありますか。

②ご両親の教育方針は一致していますか。

③お父さまは、お子さんのお家での生活や幼稚園・保育園での生活をどれくらいご存じですか。

④最近タイムリーな話題、または昨今の子どもを取り巻く環境についてご両親で話をしていますか。

# section 2023 お茶の水女子大学附属小学校入試問題

## ■ 選抜方法

| 第一次 | 男女ともＡ（４月２日～７月31日生）、Ｂ（８月１日～11月30日生）、Ｃ（12月１日～４月１日生）の３グループに分け、それぞれ抽選で男子、女子ともに50人前後を選出する。後日、第二次検定手続きに必要な検定受検票、筆記用具、印鑑、朱肉を持参し手続きを行う。 |
| --- | --- |
| 第二次 | 考査は１日で、第一次合格者を対象に個別テスト、集団テストを行う。Ａ、Ｂ、Ｃのグループ別に、ゼッケンが入っている封筒を子どもが引いて受検番号が決まる。所要時間は２時間～２時間20分。子どもの考査中に保護者面接が行われる。面接の所要時間は５～10分。当日は検定受検票、健康チェックカード、住民票、検定払込完了証、筆記用具を持参する。 |
| 第三次 | 第二次合格者による抽選。検定受検票、筆記用具を持参する。 |

## ■ 個別テスト

廊下で待機し、１人ずつ入室。考査後は、考査室の仕切りの向こう側に移動し、絵本を読みながら静かに待つ。課題はグループによって異なる。

### 1 言語・お話作り

・（本物のバナナと模擬のバナナを見せられる）２つを見て、違うと思うのはどのようなところですか。お話ししてください。

Ａ

・（泡立て器などの調理器具が描かれた絵を見せられる）これらを使って何かを作っているところを見たことはありますか。何を作っていましたか。

Ｂ

写真が４枚入る四角い枠があり、そのうち２つの枠にはすでに写真が入っている。ほかに３枚の写真が用意されている。

・お誕生日の様子をアルバムにします。ほかに３枚の写真がありますね。あなたなら、どの写真を空いているところに入れますか。つながるように考えてお話ししてください。

Ｃ

ウサギとクマが積み木で遊んでいる絵と、ウサギとクマが背中を向けて怒っている絵を順番に見せられる。

・どうして２匹はけんかをしたと思いますか。お話ししてください。

## 2 言語・記憶

タブレット端末で、外国の大人の女性と子どもがお話をして、抱き合う様子の映像を見せられる。
・今見たものの様子をお話ししてください。どのように思いましたか。

4枚の絵カードが用意される。
・先ほど見た人たちは、「こんにちは」と言っていました。では、どのようにあいさつをしていましたか。4枚のカードから1枚選びましょう。

## 3 推理・思考（比較）

背の高さがそれぞれ違う4人の子どもの絵カードが用意されている。
・左から背が高い順になるように、カードを並べ替えてください。

## 4 推理・思考・数量

### A
丸いピザが描かれている台紙、段ボール紙製のピザカッター、スタンプ台（青）が用意されている。
・ピザを5人で仲よく分けます。ピザカッターにインクをつけて、ちょうど同じ大きさに分ける線を引きましょう。

### B
4人の子どもとドーナツ6個が描かれている絵を見せられる。
・このドーナツを4人で仲よく分けるにはどうすればよいか、お話ししてください。
・ほかにも分け方はありますか。

## 5 言語・常識（仲間探し）

3つの箱にそれぞれ、三角（三角柱）、四角（立方体、直方体）、丸（円柱）の積み木が複数入っている。テスターから円柱の積み木を見せられる。
・この積み木はどの積み木の仲間か考えて、箱に入れてください。
・なぜその箱に入れたのですか。お話ししてください。

## 集団テスト
課題はグループによって異なる。

## 6 制作（動物のお面作り）

各自の机の上に、耳の台紙（色画用紙、3種類）、リボン、フェルトペン（黒）、セロハンテープ、はさみ、材料を取りに行く際のトレーが用意されている。共通の材料置き場には、紙皿（穴が2つ開いている）、折り紙、毛糸、割りばし、ストローが用意されている。テスターが途中までお手本を見せながら、作り方を説明する。

- 紙皿を使って、好きな動物のお面を作りましょう。まず、紙皿の穴にリボンを通してチョウ結びをしてください。次にフェルトペンで紙皿に顔を描いて、3種類ある耳の台紙の中から好きなものを選んで切り取り、セロハンテープで貼りつけましょう。

- この後は、用意されている材料を使って自由に仕上げましょう。トレーを持って必要な材料を取りに行ってください。材料は何回か取りに行ってもよいですが、使う分だけを取りましょう。できあがったら、かぶっている赤白帽子とお面の裏側に先生が配るマジックテープをつけて、お面を帽子につけましょう。

## 7 制作（羽のある生き物作り）

各自の机の上に、紙コップ（底に穴が2つ開いている）、曲がるストロー2本、折り紙（金色、銀色、赤、青、黄色、緑）各1枚、羽の台紙（半分に折ってある）、丸シール（白）2枚、フェルトペン（黒）、液体のり、セロハンテープ、はさみ、ウエットティッシュが用意されている。テスターが途中までお手本を見せながら、作り方を説明する。

- 紙コップを使って、この世界のどこにもいないような羽のある生き物を作りましょう。紙コップの穴にストローを1本ずつ差し込んだら、白い丸シールにフェルトペンで目を描いて、ストローに貼ってください。羽の台紙を折ったまま線に沿って切り取り、2枚の羽ができたら、紙コップにセロハンテープで貼りましょう。

- この後は、自分が作りたい生き物になるように折り紙を使って自由に飾りつけをしましょう。

## 8 制作（車作り）

各自の机の上に、小さい段ボール箱、タイヤ2つの台紙、切り取られたタイヤ2枚、折り紙（金色、銀色、赤、青、黄色、緑）各1枚、アルミ製おかずカップ（大、小）各2枚、フェルトペン（黒）、木工用ボンド、はさみ、ウエットティッシュが用意されている。テスターが途中までお手本を見せながら、作り方を説明する。

- ダンボール箱を使って車を作りましょう。台紙からタイヤを2枚切り取り、もう切り取られているものと合わせて4枚のタイヤを箱にボンドでつけてください。

- この後は、自分の好きな車になるように折り紙やアルミ製のカップを使って自由に飾りつけをしましょう。

### 行動観察

（制作で動物のお面を作ったグループ）

・お面にチョウ結びしたリボンが同じ色の人約4人とグループになり、作ったお面をつけた帽子をかぶり、動物学校ごっこをして遊ぶ。グループで相談して先生役などを決める。

（制作で羽のある生き物を作ったグループ）
・約4人のグループで行う。床にすごろくの台紙とサイコロ1つが置いてあり、作った生き物を駒にしてすごろくで遊ぶ。すごろくのマス目にはパンダ、ニワトリなど生き物の絵や、ハイタッチ、ジャンプなどアクションの絵が描いてあり、パンダに止まったら1回お休み、パンダ以外の生き物に止まったらみんなで一緒にその生き物のまねをする。ハイタッチやジャンプなどに止まったら、みんなで一緒にその動作を行う。サイコロを振る順番はグループで相談して決める。

（制作で車を作ったグループ）
・約4人のグループで行う。床に道路が描かれたマットが用意されている。作った車を使ってグループで自由に遊ぶ。

## 🚂 ジャンケン列車

約20人でジャンケン列車を行う。音楽が流れている間はお友達とぶつからないように室内を自由に歩き、音楽が止まったら近くのお友達とジャンケンをする。負けた人は勝った人の後ろにつき、両手を肩に置いてつながる。長い列車になるまで何回かくり返し行う。

## 保護者面接

子どもたちが考査会場に移動した後、保護者は体育館で待機。受検番号順に着席し、呼ばれたら、面接会場である前方に設けられたブースに入る。面接官2人と保護者1人で行う。

### 保護者

・お子さんの名前と生年月日、住所を教えてください。
・お子さんの長所と短所をお話しください。
・差し支えなければ、ご職業についてお聞かせください。
・ご家庭で大切にしているルールは何ですか。それはなぜですか。
・ご家庭の方針と相反することは何ですか。
・スマートフォンやタブレット端末について、どのように考えていますか。今後どのようにつき合っていくつもりですか。
・ご両親ともに働いていらっしゃいますが、送り迎えや行事への参加は大丈夫ですか。
・通学時間はどのくらいかかりますか。不安はないですか。

**面接資料／アンケート**　第一次抽選通過者のみ30分程度のアンケートを第二次検定手続き時に実施。用紙サイズはＢ５判（300字程度、罫線あり）。以下のようなテーマで記述する。

・あなたは「自由」について、どのように考えますか。300字程度でお書きください。

**1**

**A**

**B**

〈絵カード〉

**4**
**−**
**A**

〈台紙〉

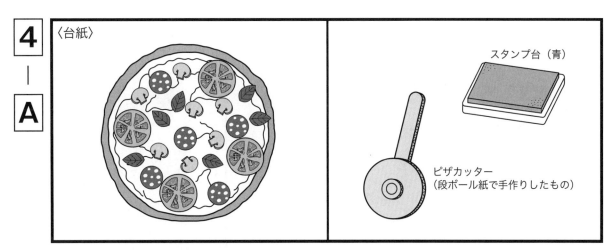

スタンプ台（青）

ピザカッター
（段ボール紙で手作りしたもの）

**B**

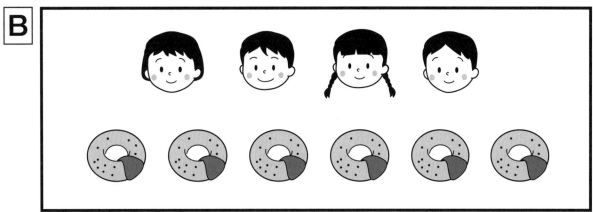

**5**

**6**

耳の台紙（3種類）

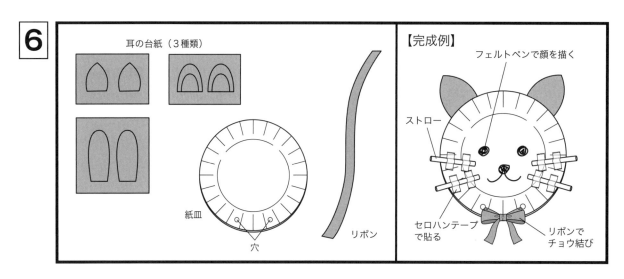

紙皿

穴

リボン

【完成例】

フェルトペンで顔を描く

ストロー

セロハンテープ
で貼る

リボンで
チョウ結び

**7**

穴

紙コップ

折ってある

羽の台紙

ストロー2本

折り紙6枚
（すべて違う色）

丸シール（白）2枚

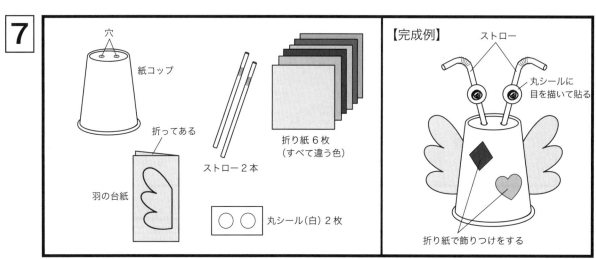

【完成例】

ストロー

丸シールに
目を描いて貼る

折り紙で飾りつけをする

**8**

小さい
段ボール箱

タイヤの台紙

タイヤ2枚

折り紙6枚
（すべて違う色）

アルミ製
おかずカップ
（大、小）

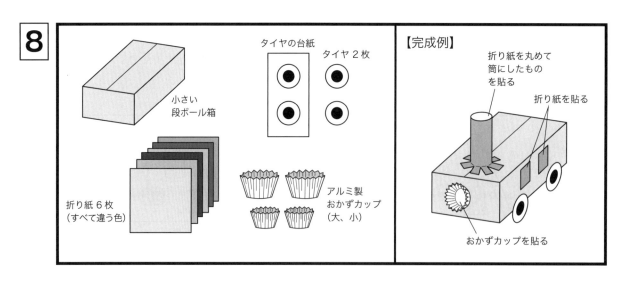

【完成例】

折り紙を丸めて
筒にしたもの
を貼る

折り紙を貼る

おかずカップを貼る

# section 2022　お茶の水女子大学附属小学校入試問題

## ■ 選抜方法

| 第一次 | 男女ともＡ（４月２日～７月31日生）、Ｂ（８月１日～11月30日生）、Ｃ（12月１日～４月１日生）の３グループに分け、それぞれ抽選で男子、女子ともに50人前後を選出する。 |

| 第二次 | 考査は１日で、第一次合格者を対象に個別テスト、集団テストを行う。Ａ、Ｂ、Ｃのグループ別に、ゼッケンが入っている封筒を子どもが引いて受検番号が決まる。所要時間は２時間～２時間30分。子どもの考査中に保護者面接が行われる。面接の所要時間は５～10分。当日は検定受検票、健康チェックカード、住民票、検定払込完了証、筆記用具を持参する。 |

| 第三次 | 第二次合格者による抽選。検定受検票、筆記用具を持参する。 |

## ■ 個別テスト

廊下で待機し、１人ずつ入室。考査後は、考査室の仕切りの向こう側に移動し、絵本を読みながら静かに待つ。課題はグループによって異なる。

## 1 言語・話の理解

**A**

・（お店が描かれた６枚の絵カードを見せられる）あなたはどのお店に行きたいですか。それはどうしてですか。お話ししてください。

・（４つの野菜が描かれた絵カードを見せられる）先生が八百屋さんで野菜を１つ買いました。その野菜の名前は、４つの音でできていて、最後に「ン」がつきます。あともう１つヒントをあげますが、どのようなヒントが欲しいかは自分で考えて先生に聞いてください。そのヒントを聞いた後、先生が買った野菜は何か答えてください。

**B**

動物たちが公園でかくれんぼをしている絵を見せられる。

・あなただったらどこにかくれますか。

・パンダがオニです。最後まで見つからずに隠れていた動物のヒントを教えます。その動物は帽子をかぶっていて、名前は２つの音でできています。あともう１つヒントをあげますが、どのようなヒントが欲しいかは自分で考えて先生に聞いてください。そのヒントを聞いた後、最後まで見つからなかったのはどの動物か答えてください。

## 2 推理・思考（水の量）

水が入ったフラスコ状の入れ物と、空のプラスチックのコップが２個用意されている。入

れ物には緑、オレンジ色、黒の3本の線が引かれ、コップには赤い線がそれぞれ違う高さに引かれている。

・（2つのコップのうち1つを示され）入れ物に入っている水をこのコップの赤い線のところまで入れると、入れ物に残った水はどの色の線の高さになると思いますか。指でさしましょう（答えた後、テスターが水をコップに移して確かめる）。

### 3 構　成

机の上に積み木が2セット置いてある。

・それぞれの積み木を全部使ってなるべく高くなるように積んだとき、どちらの積み木が高くなると思いますか。

### 4 数　量

粘土でできたクッキーが6枚用意されている。

・3人でクッキーを仲よく分けると、1人何枚ずつになりますか。

### 数　量

積み木が5個用意されている。

・この積み木を2人で分けます。ピッタリ分けられないときは、ジャンケンをして勝った方が多くもらえます。では、何個と何個に分けますか。

はしがバラバラに数本置かれている。

・このおはしをそろえると、何人分になりますか。

### 5 巧緻性

机の上に透明でふたつきの箱、じょうろ、テニスボール、ブルドーザーのおもちゃが用意されている。

・ここにあるものを全部（または、じょうろだけ）箱にしまってください。箱のふたが閉まるように入れましょう（じょうろはそのままの向きで入れるとふたが閉まらず、横に寝かせて入れるとふたが閉まる）。

## 集団テスト　｜　課題はグループによって異なる。

### 制作（生き物作り）

各自の机の上に、紙製スプーン、紙製フォーク、丸シール（白）2枚、数色のペン、スティックのり、セロハンテープ、はさみが用意されている。教室の後方には共通の材料とし

て箱、紙コップ、紙皿、ストロー、割りばし、ひも、画用紙、折り紙、セロハンなどが用意されている。

・こんな生き物がいたらいいなと思うものを作ってください。机の上のものや後ろにあるものは自由に使ってよいですが、紙のスプーンとフォークは必ず使いましょう。また、後ろから持ってくるものは使う分だけとし、一度持ってきたら戻してはいけません。

## 制作（海の世界作り）

各自の机の上に、B4判の画用紙（水色）、数色のペン、スティックのり、ボンド、セロハンテープ、はさみが用意されている。教室の後方には共通の材料として魚の台紙、紙コップ、紙皿、ひも、アルミホイル、綿、割りばし、モール、キラキラした紙、折り紙などが用意されている。

・水色の画用紙の上に、海の世界を作りましょう。海のものなら何でもよいです。机の上のものや後ろにあるものは自由に使ってよいですが、後ろから持ってくるものは使う分だけとし、一度持ってきたら戻してはいけません。

## 絵画・巧緻性

各自の机の上に、画用紙（上部2ヵ所に穴が開き下部に点線が引かれている）、細長い紙、ひも、クレヨン（16色）、液体のり、はさみ、手拭き用のぬれタオルが用意されている。

・幼稚園や保育園での楽しかったことや思い出を、画用紙の点線より上にクレヨンで描きましょう。細長い紙を、画用紙の点線に合わせて下の方にのりで貼り、余ったところははさみで切ってください。2つの穴に裏側からひもを通し、チョウ結びをしましょう。

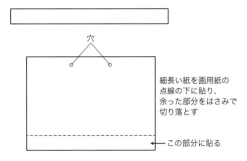

## 行動観察

4〜6人のグループで行う。自分が作った制作物や絵画を持って集まり、作ったものや描いたものについて発表する。

## 保護者面接

子どもたちが考査会場に移動した後、保護者は体育館で待機。受検番号順に着席し、呼ばれたら、面接会場である前方に設けられたブースに入る。面接官2人と保護者1人で行う。

**保護者**

・お子さんの名前と生年月日、住所を教えてください。

・ご家庭で大切にしているルールは何ですか。それはなぜですか。

・ご両親ともに働いていらっしゃいますが、行事への参加や送り迎えは大丈夫ですか。

・幼稚園（保育園）とご自宅との距離を教えてください。

・お子さんを最近しかったこと、ほめたことを具体的に教えてください。

・しかったときのお子さんの受け止め方はどうですか。一度で言うことを聞きますか。

・通学時間はどれくらいかかりますか。不安はないですか。

**面接資料／アンケート** ┃ 第一次抽選通過者のみ30分程度のアンケートを第二次検定手続き時に実施。用紙サイズはＢ５判（300字程度、罫線あり）。以下のようなテーマで記述する。

・「聴く」ということをどのようにとらえていますか。具体的な場面を１つ挙げて書いてください。

**1**
**−1**

**A**

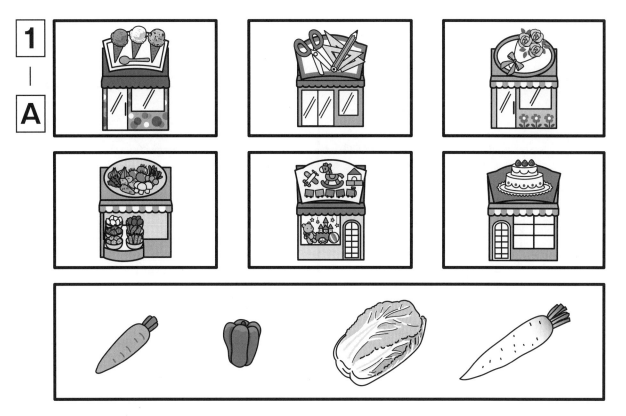

**B**

## 2

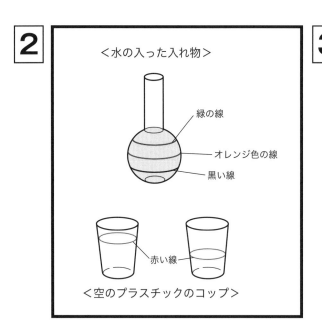

＜水の入った入れ物＞

緑の線
オレンジ色の線
黒い線

赤い線

＜空のプラスチックのコップ＞

## 3

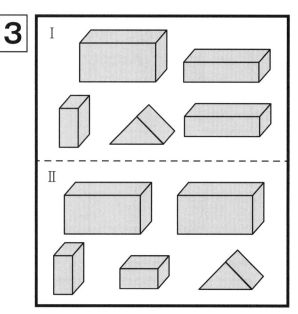

Ⅰ

Ⅱ

## 4

## 5

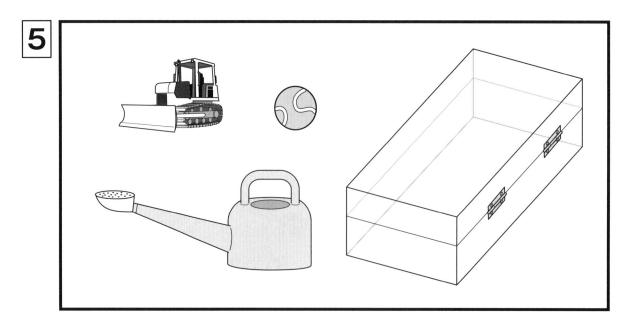

# section 2021 お茶の水女子大学附属小学校入試問題

## ■ 選抜方法

| 第一次 | 男女ともＡ（4月2日〜7月31日生）、Ｂ（8月1日〜11月30日生）、Ｃ（12月1日〜4月1日生）の3グループに分け、それぞれ抽選で男子、女子ともに各グループ50人前後を選出する。当日は第二次検定手続きに必要な検定受検票、筆記用具、印鑑を持参する。 |
|---|---|
| 第二次 | 考査は1日で、第一次合格者を対象に個別テスト、集団テスト、運動テストを行う。Ａ、Ｂ、Ｃのグループ別に、ゼッケンが入っている封筒を子どもが引いて受検番号が決まる。所要時間は2時間〜2時間30分。子どもの考査中に保護者面接が行われる。面接の所要時間は5〜10分。当日は検定受検票、住民票、振替払込受付証明書、写真（第二次検定用の台紙に貼付する）、筆記用具を持参する。 |
| 第三次 | 第二次合格者による抽選。検定受検票、筆記用具を持参する。 |

## ▌ 個別テスト

教室で絵本を読みながら待つ。課題はグループによって異なる。

### ■ 言　語

絵本「はかせのふしぎなプール」（中村至男作　福音館書店刊）の読み聞かせを聞いた後、質問に答える。
- あなたなら何をプールに入れて大きくしたいですか。
- それはどうしてですか。

絵本「おこる」（中川ひろたか作　金の星社刊）の読み聞かせを聞いた後、質問に答える。
- あなたがお母さんにいつも言われている「やってはいけないこと」をやるとしたら、何をしてみたいですか。
- それはどうしてですか。

### 1 推理・思考（重さ比べ）

机の上にアヒルのおもちゃと天秤が用意されている。天秤の左の容器には小さなブロックが、右の容器には水が入れられていて、つり合っている。
- アヒルを水の方に入れるとどうなると思いますか。お話ししてください（答えた後、テスターがアヒルを水の容器に入れて確かめる）。

### 2 常　識

机の上にアイスの棒をさした粘土が用意されている。

・アイスの棒の左からと上から、それぞれ懐中電灯を当てると、どのように影ができると思いますか。お話ししてください（答えた後、テスターが光を当てて確かめる）。

### 3 模 写

マス目がかかれたホワイトボードが用意されている。

・（男性が印のかかれたボードを持つ写真を見せられる）お手本と同じになるように、ホワイトボードに印をかきましょう。

### 4 言 語

・（ラーメン店、すし店、レストランの絵カードを見せられる）ある町でしりとり大会が開かれます。この3つのお店で食べられるものだけを使ってしりとりをするお約束です。一番長くしりとりでつなげることができるのは、どのお店の食べ物だと思いますか。指でさしましょう。

### 5 話の理解

・（食べ物が描かれた4枚の絵カードを見せられる）先生が食べたいものは、ご飯の上に茶色いものが載っていて、スプーンで食べるものです。先生が食べたいものはどれか、指でさしましょう。

・（おもちゃの車を見せられる。消防車、赤いスポーツカー、救急車、パトカーがある）先生が大きくしたいものは、赤くて速く走ることができて、サイレンは鳴りません。先生が大きくしたいものはどれか、指でさしましょう。

## 集団テスト　　課題はグループによって異なる。

### 6 制作（マラカス作り）

紙コップ2個（1個には紙製の取っ手がついている）、毛糸、ビーズ5個、液体のり、セロハンテープ、はさみが用意されている。スクリーンに手順の映像が流れる。

・1つの紙コップにビーズを入れましょう。その紙コップにもう1つの紙コップをかぶせ、口と口をセロハンテープで貼り合わせてください。取っ手に毛糸を通し、チョウ結びをしましょう。

### 7 制作（家と人形作り）

立方体の展開図がかかれた画用紙（茶色）、四角すいの展開図がかかれた画用紙（黄色）、男の子が描かれた台紙、A4判を縦半分に切った画用紙（白）、液体のり、セロハンテープ、

はさみが用意されている。スクリーンに手順の映像が流れる。

・茶色の画用紙と黄色の画用紙にかいてある形をそれぞれ周りの線で切り取り、線で折っ て四角と三角の箱を組み立てましょう。2つの箱ができたら四角の上に三角を載せ、セ ロハンテープで貼ってお家を作ってください。次に台紙に描かれた男の子を絵の周りで 切り取ります。白い画用紙を半分に折って山を上にして立つようにし、そこに男の子を のりで貼って立たせましょう。

## 8 制作（サルのプレート作り）

紙皿、サルの顔と耳が描かれた台紙、リボンが描かれた台紙、液体のり、セロハンテープ、 はさみが用意されている。

・サルの顔と耳、リボンを切り取ってください。サルの顔を紙皿の真ん中に、耳をその両 側に貼り、その下にリボンを貼りましょう。

## 制作・行動観察

4〜6人のグループで行う。

A（制作でマラカスを作ったグループ）

各自の机の横にかけられた袋の中に、小さな箱、輪ゴム、ストロー、綿、紙製のスプーン、 段ボール紙の切れ端、折り紙が用意されている。

・用意された材料を使って、音が鳴るものを作りましょう。できあがったら、みんなの前 で鳴らしてくれる人は手を挙げてください。1人ずつ前に出て音を鳴らしましょう。

B（制作で家と人形を作ったグループ）

各自の机の横にかけられた袋の中に、箱（大、小）、紙コップ、折り紙、段ボール紙の切 れ端が用意されている。教室の一角に、町の様子が描かれたプレイマットが敷かれている。

・用意された材料を使って、町にあるものを自由に作ってください。できあがったらマッ トの上に置きましょう。

C（制作でサルのプレートを作ったグループ）

各自の机の横にかけられた袋の中に、箱（細長いもの、大きなもの）、紙コップ2個、紙 製のスプーン、B5判の画用紙（灰色）、折り紙、50cmの毛糸が用意されている。教室の 一角に、動物園が描かれたプレイマットが敷かれている。

・用意された材料を使って、好きな動物を作ってください。できあがったらマットの上に 置きましょう。

## 運動テスト

### ◢ リズム運動

リズムに合わせて行進やスキップをする。

## 保護者面接

子どもたちが考査会場に移動した後、保護者は体育館で待機。受検番号順に着席し、呼ばれたら、面接会場である前方に設けられたブースに入る。面接官2人と保護者1人で行う。

### 保護者

・お子さんの名前と生年月日、住所を教えてください。
・コロナウイルス対策による緊急事態宣言が発令されていた間、どのように過ごされていましたか。
・緊急事態宣言の際、お子さんが家にいる中での自宅勤務は大変でしたか。
・緊急事態宣言の間のストレスは、どのようなものがありましたか。
・お子さんの好きな遊びは何ですか。家では何をして遊んでいますか。
・一人っ子のお子さんへの対応で、気をつけていることはありますか。
・ご両親ともに、フルタイムでお仕事をされていますか。
・お子さんが学校で急病になった場合は、すぐに迎えに来られますか。
・低学年のうちは送迎や学校行事で来校する機会が多いですが、どのようにお考えですか。
・幼稚園（保育園）でのお子さんの様子をお聞かせください。

## 面接資料／アンケート

第一次抽選通過者のみ30分程度のアンケートを実施。用紙サイズはB5判（400字程度、罫線あり）。以下のような記入項目がある。

・先行きが不透明な社会情勢の中で、学校教育に期待することは何ですか。

**1**

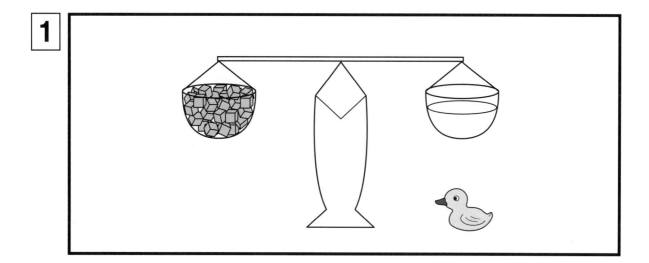

**2**

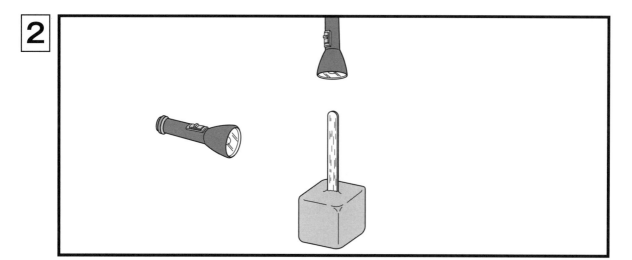

**3**

**4**

**5**

**6**

<材料>

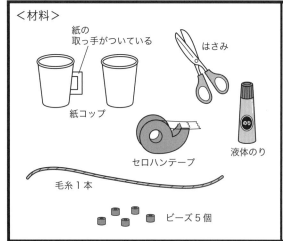

紙の
取っ手がついている

はさみ

紙コップ

セロハンテープ

液体のり

毛糸1本

ビーズ5個

【完成図】

コップの中にビーズを
入れる。取っ手に毛糸で
チョウ結びをする

**7**

〈材料〉

立方体の画用紙（茶色）

四角すいの画用紙（黄色）

画用紙（白）

男の子の台紙

はさみ

セロハンテープ

液体のり

【完成図】

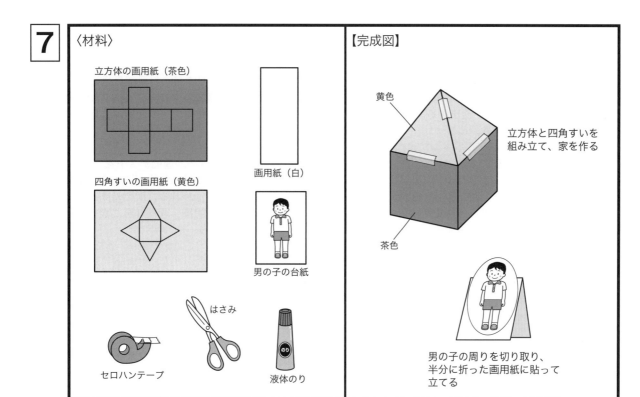

立方体と四角すいを
組み立て、家を作る

黄色

茶色

男の子の周りを切り取り、
半分に折った画用紙に貼って
立てる

**8**

〈材料〉

紙皿

リボンの台紙

サルの顔と耳の台紙

はさみ

セロハンテープ

液体のり

【完成図】

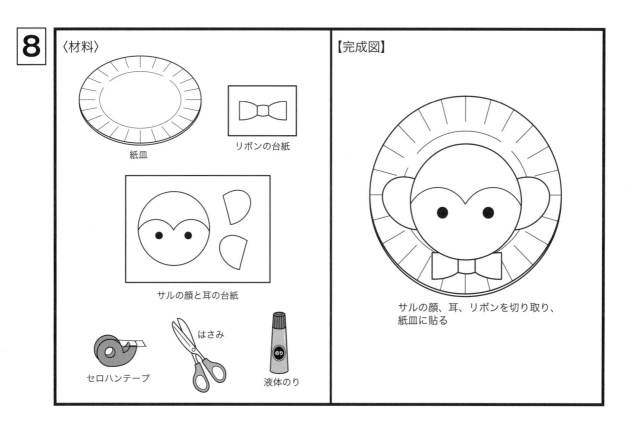

サルの顔、耳、リボンを切り取り、
紙皿に貼る

# 2020 お茶の水女子大学附属小学校入試問題

## ■ 選抜方法

| 第一次 | 男女とも生年月日順にA（4月2日〜7月31日生）、B（8月1日〜11月30日生）、C（12月1日〜4月1日生）の3グループに分け、それぞれ抽選で各グループ70人ずつ男女各210人を選出する。当日は第二次検定手続きに必要な検定受検票、筆記用具と印鑑を持参する。 |
|---|---|
| 第二次 | 考査は1日で、第一次合格者を対象に個別テスト、集団テスト、運動テストを行う。A、B、Cのグループ別に、ゼッケンが入っている封筒を引いて受検番号が決まる。所要時間は2時間30分〜3時間。子どもの考査中に保護者面接が行われる。所要時間は5〜10分。当日は検定受検票のほかに、住民票、振替払込受付証明書、写真（第二次検定用の台紙に貼付する）、筆記用具を持参する。 |
| 第三次 | 第二次合格者による抽選。検定受検票を持参する。 |

## ■ 個別テスト | 教室で絵本を読みながら待つ。課題はグループによって異なる。

### 1 言語・お話作り

タブレットを見ながら質問に答える。

A
4枚の絵が順に表示される（1枚目は雨の中をイヌが散歩している絵、2枚目はイヌが傘を拾っている絵、3枚目は傘をさしたイヌが風に乗って空まで飛んでいく絵、4枚目は浜辺に降りたイヌがアシカに会う絵）。

・この後、イヌはどうなったと思いますか。お話を考えて教えてください。

B
4枚の絵が順に表示される（1枚目は男の子が両手いっぱいにたくさんのクリを抱えて森の道を歩いている絵、2枚目は男の子の手からクリが落ちて道をふさいでしまう絵、3枚目は魔女が現れてステッキを振っている絵、4枚目は落ちたクリが男の子の腕の中にどんどん戻っていく絵）。

・この後、男の子はどうしたと思いますか。お話ししてください。

### 2 観察力・数量

マス目がかかれた板、4色（赤、青、白、茶色）の碁石が用意されている。お手本として、マス目の一部に4色の碁石が置かれている。

・お手本の右側のマス目に、お手本と同じになるように碁石を置きましょう。

・全部のマス目にお手本と同じように碁石を置くとすると、一番多くなる碁石は何色ですか。

・全部のマス目にお手本と同じように碁石を置くとすると、黒いマス目には何色の碁石が入りますか。

## 推理・思考

水が入った水槽が置いてある。テスターが、大きくて軽いボールと小さくて重いボールを持っている。

・2つのボールを水の中に入れると、どのようになると思いますか（答えた後、テスターがボールを水槽に入れて確かめる）。

# 集団テスト

## 3 制作・絵画（想像画）

四角がかかれた台紙、丸がかかれた台紙、正方形の色画用紙、クーピーペン、液体のり、はさみが用意されている。

・2枚の台紙をそれぞれ半分に折り、線の通りに切って、四角と丸を作りましょう。

・色画用紙の上に、四角を斜めに貼りましょう。その上に重ねて、丸を貼りましょう。

・丸の中に、先ほど見たお話の絵（1-A）で面白かったところをクーピーペンで描きましょう。

## 4 制作・絵画（条件画）

丸がかかれた台紙、二重の星がかかれた台紙、数色のフェルトペン、液体のり、はさみが用意されている。テスターのお話を聞いた後で制作を行う。

「青い屋根のお家があります。遠くには虹が見えています。お家の庭には池があって、黄色い花が2つ咲いています」

・2枚の台紙をそれぞれ半分に折り、線の通りに切って、丸と星の形の枠を作りましょう。

・丸の上に星の形の枠を貼りましょう。星の中に、先ほどのお話に合うような絵を描きましょう。時間が余ったら、空いているところに自由に絵を描いていいですよ。

## 5 集団ゲーム（ジェスチャーゲーム）

いろいろな生き物が描かれた絵カードが配られる間、目を閉じて待つ。合図があったらみんなで一斉に目を開けて、自分に配られた絵カードを見る。

・声を出さずに、カードに描かれた生き物のまねをしましょう。自分と同じ生き物のまねをしているお友達を見つけてグループになりましょう。

## 6 行動観察

Ａ
５でできたグループごとに、カラー帽子をかぶって行う。パズルカード、いろいろな形の大きな積み木がたくさん用意されている。グループで協力してパズルを完成させ、完成したパズルの輪郭と同じ形を積み木を並べて作る。

Ｂ
５でできたグループごとに、カラー帽子をかぶって行う。かぶっている帽子と同じ色の棚から、グループで１つの植木鉢を取ってくる。粘土、画用紙、毛糸、新聞紙、トイレットペーパーの芯、すずらんテープ、セロハンテープが用意されている。

・お友達と相談してこの中から材料を３つ選び、植木鉢の中にできるだけ高い木を作りましょう。途中で笛が鳴ったら、材料を１つ増やしてもよいですよ。

# 運動テスト

## 🔲 模倣体操

テスターのまねをして、手と足でグーパーやグーチョキパーをする。

## 保護者面接

子どもたちが考査会場に移動した後、保護者は体育館で待機。受検番号順に着席し、呼ばれたら、面接会場である前方に設けられたブースに入る。面接官２人と保護者１人で行う。

保護者

・お子さんの名前と生年月日、住所を教えてください。
・20秒でお子さんのよいところをほめてください。
・（答えを受けて）その中で、どのようなことに一番価値があると思いますか。具体的なエピソードを教えてください。
・（第一次抽選通過後に実施される）作文について、ご家庭でお話はされましたか。お子さんやご主人は何とおっしゃいましたか。
・妹さんも同じ保育園に通っていますか。
・きょうだいで幼稚園、保育園とそれぞれ違うところに通われているのには何か理由がありますか。
・お子さんたちはきょうだい同士で仲がよいですか。
・妹さんとはどのようにかかわっていらっしゃいますか。
・どこの駅を使っていますか。通学経路を教えてください。

・お母さまはお仕事をされていますが、本校の行事には参加できますか。

・通園の送り迎えは誰がしていますか。

・お子さんの具合が悪いときなどは、どのようにお迎えに行っていますか。

・ご家族で一緒にどんな遊びをしますか。

## 面接資料／アンケート

第一次抽選通過者のみ30分程度のアンケートを実施。用紙サイズはＢ５判（400字程度、罫線あり）。以下のような記入項目がある。

・地球環境を守るためにご家庭で取り組んでいることは何ですか。お子さんはどのように参加されていますか。

**2**

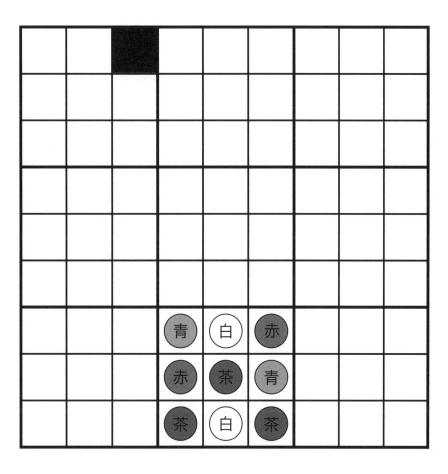

**3**

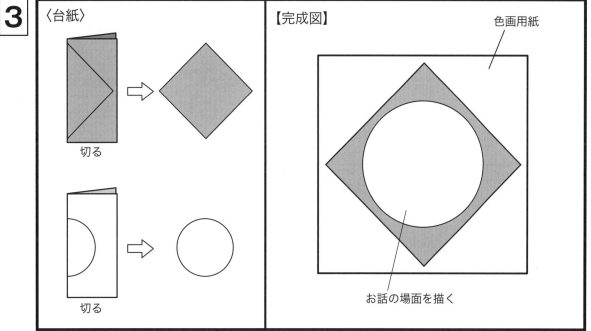

〈台紙〉　　　　　　　　　　　　　【完成図】

色画用紙

切る

切る

お話の場面を描く

**4**

〈台紙〉

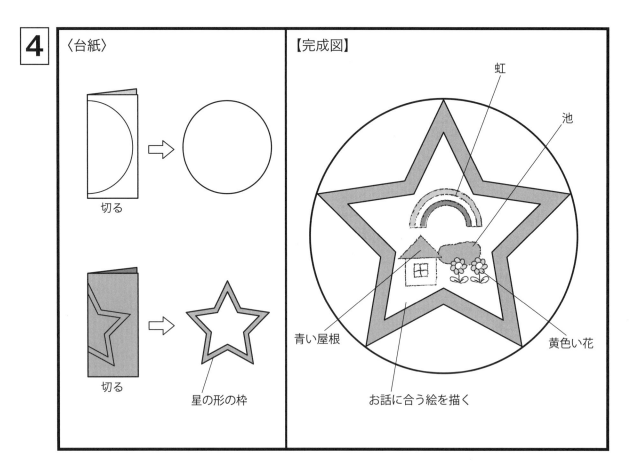

切る

切る

星の形の枠

【完成図】

虹

池

青い屋根

お話に合う絵を描く

黄色い花

**5**

# 6

## A

【パズルの完成図】

〈パズルカード〉

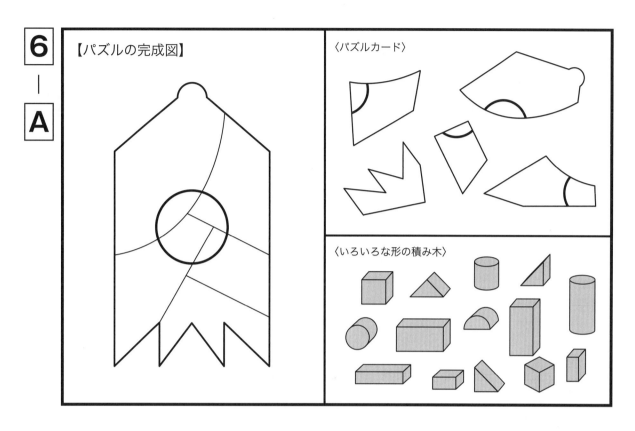

〈いろいろな形の積み木〉

## B

〈材料〉

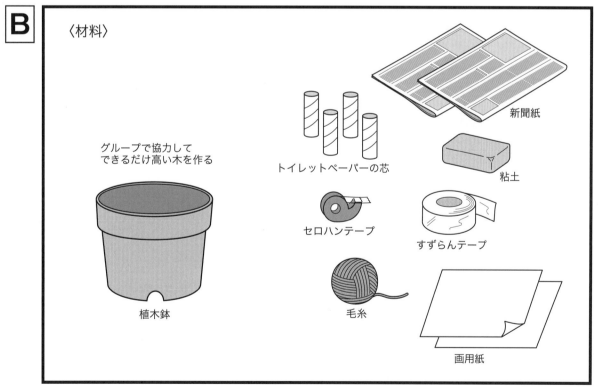

グループで協力して
できるだけ高い木を作る

トイレットペーパーの芯

新聞紙

粘土

セロハンテープ

すずらんテープ

毛糸

植木鉢

画用紙

# 2019 お茶の水女子大学附属小学校入試問題

## ■ 選抜方法

| 第一次 | 男女とも生年月日順にA（4月2日〜7月31日生）、B（8月1日〜11月30日生）、C（12月1日〜4月1日生）の3グループに分け、それぞれ抽選で各グループ70人ずつ男女各210人を選出する。当日は第二次検定手続きに必要な第一次検定受検票、筆記用具と印鑑、朱肉を持参する。 |
| --- | --- |
| 第二次 | 考査は1日で、第一次合格者を対象に個別テスト、集団テスト、運動テストを行う。A、B、Cのグループ別に、ゼッケンが入っている封筒を引いて受検番号が決まる。所要時間は約3時間。子どもの考査中に保護者面接が行われる。当日は第二次検定受検票のほかに、住民票、振替払込受付証明書、写真（第二次検定用の台紙に貼付する）、筆記用具を持参する。 |
| 第三次 | 第二次合格者による抽選。第二次検定時に配付される「ゼッケン番号カード」を持参する。 |

## ■ 個別テスト

教室で絵本を読みながら待つ。課題はグループによって異なる。

---

### 1 言語・常識

絵はすべてタブレットで1人ずつ示される。

Ⓐ
・（牧場の絵を見せられ）ウシ（またはブタ）の鳴き声をまねしましょう。

Ⓑ
・（動物の絵を見せられ）この4つの中から、牧場で鳴き声がすると思うものを指でさしましょう。

Ⓒ
・（ワニの絵を見せられ）「ワニ」を反対から言うと「ニワ」ですね。では、（傘の絵を示され）これは反対から言うと何になりますか。（イカの絵を示され）これは反対から言うと何になりますか。

Ⓓ
・（空き地で工事が始まる様子の絵を見せられ）これからお家を建てます。（ショベルカーのおもちゃを示され）ショベルカーが普通の車と違うところをお話ししてください。
・工事が始まり、イヌの鳴き声が聞こえてきました。では、ほかにどんな音がすると思いますか。

Ⓔ
・（新しくできた家を見ている家族の絵を見せられ）新しいお家ができて、家族が見てい

ます。みんなはどんなお話をしていると思いますか。

F
・（風車がくるくる回っている様子の絵を見せられ）風車はこのようにくるくる回ります。このほかに、くるくる回るものを言いましょう。

G
・（外で雨が降っているのを幼稚園の中から女の子が見ている絵を見せられ）幼稚園にいるとき、雨が降ってきました。あなたはどうしますか。

## 2 お話作り

A
・（雨降りの窓に立つ父子の絵、空欄、晴れた窓に立つ父子の絵を見せられ）お父さんと男の子が出かけます。空いているところにはどんな絵が入ると思いますか。お話ししましょう。
・この後、どうなると思いますか。お話ししましょう。

B
・（男の子が遊んでいる絵を見せられ）４つの絵が１つのお話になるように、空いているところにはどんな絵が入るか考えてお話ししましょう。
・この後、どうなると思いますか。お話ししましょう。

## 3 推理・思考（重さ比べ）

お茶わん、小さいブロック、ビー玉、おはじき、ボール、ふわふわした細長い玉などが入ったカゴ、シーソー（片側に小さいブロックで作られた立方体がすでに載っている）が用意されている。
・シーソーがつり合うように、ブロックの載っていない方のお皿にカゴの中のものをなるべくたくさん載せましょう。

## 4 数 量

課題はグループによって異なる。

ゼリー５個とドーナツ３個がある。
・４つのお皿に分けてください。

ゼリー５個とおせんべい５枚がある。
・どちらが多いですか。

ゼリー5個とおせんべい4枚、ドーナツ3個がある。

・4人で分けるにはどのように分けますか。

## 集団テスト

### 行動観察

4、5人ずつのグループに分かれて行う。箱、ペットボトル、紙コップ、お皿、ビニール袋、カラービニール袋、ストロー、ラップの芯、輪ゴム、ガムテープなどの材料、はさみなどの道具が用意されている。

・用意された材料を使って、好きなものをグループのお友達と作りましょう。できあがったら、それを使ってお友達と遊びましょう。遊ぶときは違うグループのお友達と遊んでもよいですよ。

※遊んだ後で、作ったものをみんなの前で発表したい人はいるかと聞かれる。1人ずつ発表したり、発表したお友達に質問をしたりする。

### 5 制作（風車作り）

厚紙（白）、アイス棒（木製）、割りピン、鉛筆、穴開けパンチ、つぼのり、はさみが用意されている。

・厚紙にアイス棒を使って鉛筆で型を4つ取り、全部はさみで切り取りましょう。切った4枚のすべてに、穴開けパンチで両端と真ん中の3ヵ所ずつ穴を開け、中心部にのりをつけて重ねて貼り合わせ、中央の穴を割りピンで留めましょう。

### 6 制作（人形作り）

厚紙（白）、紙コップ、割りピン5個、鉛筆、穴開けパンチ、はさみが用意されている。

・厚紙に紙コップを使って鉛筆で丸い型を取り、はさみで切り取って顔にしましょう。厚紙の空いているところに体、手、足の形を描き、はさみで切り取りましょう。体と顔、手、足のそれぞれに穴開けパンチで穴を開け、割りピンで顔、手、足を体につないで人形を作りましょう。つないだら、顔を鉛筆で描きましょう。

## 運動テスト

### 模倣体操

テスターのまねをして、足でグーチョキパーなどをする。

## 足ジャンケン

やめと言われるまで、お友達と足でグーチョキパーのジャンケンをする。

## クマ歩き

床に引かれた楕円形の線の上を、クマ歩きで1周する。

## ゴム段跳び・くぐり

ゴム段を跳び越してからくぐって戻る。

## 保護者面接

子どもたちが考査会場に移動した後、保護者は体育館で待機。受検番号順に着席し、呼ばれたら、面接会場である前方に設けられたブースに入る。面接官2人と保護者1人で行う。

### 保護者

- お子さんの名前と生年月日、住所を教えてください。
- お子さんの成長を感じるのはどのようなときですか。
- お子さんがお友達を傷つけてしまったとき、優しく諭しますか、厳しくしますか。
- お子さんは、妹さんとはどのようにかかわっていますか。
- お子さんが小学校に進学するにあたり、何か不安なことはありますか。
- 子育てで大切にしてきたことを教えてください。
- 男の子はよくない言葉を使うことがありますが、どのように思いますか。
- 父子がよい関係を保つ秘訣は何ですか。
- ご家族で一緒にどのような遊びや会話をしますか。
- ご主人の単身赴任は今後もありますか。単身赴任中はどのような感じでしたか。
- どこの駅を使っていますか。通学経路を教えてください。
- 通園の送り迎えは誰がしていますか。
- 共働きのようですが、本校の行事には参加できますか。
- 本校は行事が多いですが、参加できますか。
- 受験の準備をするにあたり、犠牲にしたことは何ですか。

## 面接資料／アンケート

第一次抽選通過者のみ30分程度のアンケートを実施。用紙サイズはB5判。以下のような記入項目がある。

- 子育てをしていて難しいと感じることを、具体的なエピソードを添えて800字程度でお書きください。

**1**

**A**

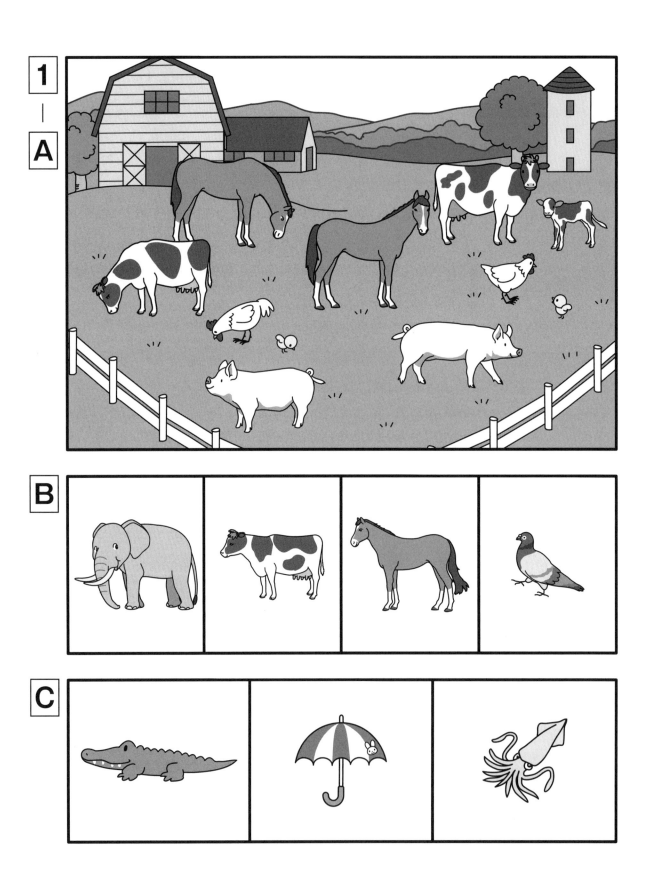

**B**

**C**

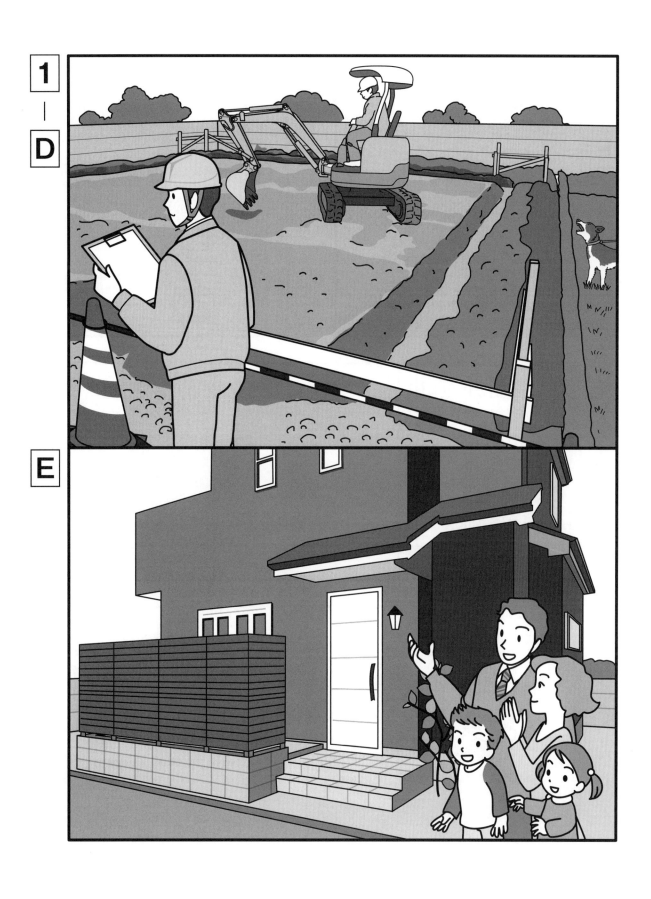

**3**

**4**

**5**

〈材料・道具〉

アイス棒

厚紙（白）

割りピン

鉛筆

はさみ

つぼのり

穴開けパンチ

【作り方】

アイス棒で型を4つ取る

【完成図】

穴

割りピン

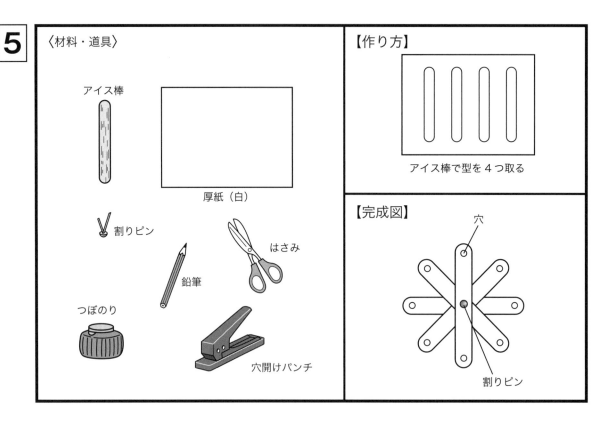

**6**

〈材料・道具〉

紙コップ

厚紙（白）

割りピン5個

鉛筆

はさみ

穴開けパンチ

【作り方】

紙コップで円の型を1つ取り、
余白で体や手足を作る

【完成図】

顔は鉛筆で描く

割りピン

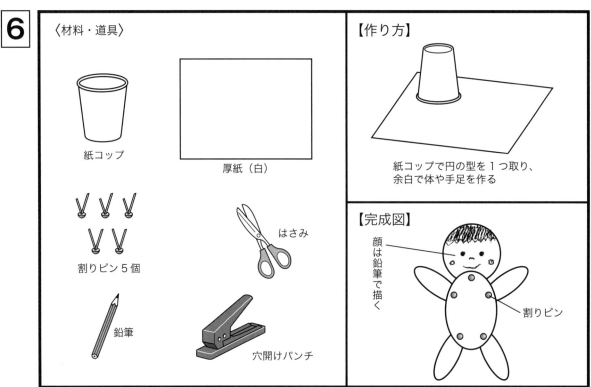

# section
# 2018 お茶の水女子大学附属小学校入試問題

## ■ 選抜方法

| 第一次 | 男女とも生年月日順にA（4月2日〜7月31日生）、B（8月1日〜11月30日生）、C（12月1日〜4月1日生）の3グループに分け、それぞれ抽選で各グループ70人ずつ男女各210人を選出する。当日は第二次検定手続きに必要な第一次検定受検票、筆記用具と印鑑、朱肉を持参する。 |

| 第二次 | 考査は1日で、第一次合格者を対象に個別テスト、集団テストを行う。A、B、Cのグループ別に、ゼッケンが入っている封筒を引いて受検番号が決まる。所要時間は約3時間。子どもの考査中に保護者面接が行われる。当日は第二次検定受検票のほかに、住民票、振替払込受付証明書、写真（第二次検定用の台紙に貼付する）、筆記用具を持参する。 |

| 第三次 | 第二次合格者による抽選。第二次検定時に配付される「ゼッケン番号カード」を持参する。 |

## ┃ 個別テスト ┃ 教室で絵本を読みながら待つ。課題はグループによって異なる。

## ● 言語（男女共通）

- 昨日先生は動物園に行きました。あなたはお休みの日にどこに行きたいですか。
- なぜそこに行きたいのですか。

### 1 言語（擬音）

テスターが森林や川、草むらなどの絵カードを見せながら「ビュービュー」、「ザーザー」などいくつかの擬音語を言った後、質問される。

- 今、先生が言ったもの以外に、音の様子を表す言葉を言いましょう。絵のものでなくてもよいですよ。

### 2 推理・思考（水の量）

ジュースの入った容器が2つ用意されている。

- ジュースが多く入っているのはどちらですか。どうしてそう思いますか。

### 3 推理・思考（比較）

積み木が用意されている。

- どちらの積み木が長いですか。

## 4 巧緻性

折り紙で折ったウサギが用意されている。折り紙を1枚渡される。

・お手本と同じになるように折り紙を折りましょう。触って調べてもよいですよ。

## 5 数　量

ネコのぬいぐるみが3体、チョコレートが8つ入った皿、アメが4つ入った皿、ネコのぬいぐるみの前にそれぞれ1枚ずつ小さい皿が用意されている。

・ネコ3匹に、お菓子を同じ数ずつになるように分けてください。

# 集団テスト

## ◼ 集団ゲーム（猛獣狩りゲーム）

テスターのかけ声を復唱しながら、テスターが言った動物がいくつの音でできているか考えて、その数のお友達と手をつないで座る。

## ◼ 行動観察

5、6人ずつのグループで行う。グループごとに、色画用紙、紙箱、紙皿、紙コップ、紙袋、ビニール袋、ペン（10色程度）、ガムテープなどが用意されている。

・用意された材料を使って、好きなものを自分たちのグループの場所で作りましょう。作るものはグループで1つでなくてもよいですし、1人で作っても、みんなで一緒に作ってもよいです。できあがったら、それを使ってお友達と遊びましょう。遊ぶときは違うグループのお友達と遊んでもよいですよ。

## 6 制作（すべり台作り）

A4判の画用紙、紙コップ、小さい紙、フェルトペン、ボンド、はさみが各自の机に用意されている。

・紙コップの横の部分をお手本のように2枚、はさみで切り取りましょう。切り取った2枚の紙をボンドでつなげてすべり台のスロープにしてください。スロープができたら紙コップにボンドで貼りつけて、すべり台にしましょう。小さい紙に人や動物を描いて周りを切り取り、ボンドですべり台に貼りつけましょう。できあがったすべり台を画用紙の上に置き、紙コップや画用紙に自由に描き足して、公園にしてください。

## 保護者面接

子どもたちが考査会場に移動した後、保護者は体育館で待機。受検番号順に着席し、呼ばれたら、面接会場である前方に設けられたブースに入る。面接官2人と保護者1人で行う。

### 保護者

・お子さんの名前と生年月日、住所を教えてください。
・子育てで大切にしてきたことを教えてください。
・お子さんと一緒にいるときに困る周囲の大人の行動について、例を挙げてお話しください。またその対処法、お子さんへどのように説明するかなどについてもお話しください。
・お子さんのご家庭での役割についてお話しください。
・早期教育をどのように行っていますか。
・早期教育のどのようなところがよいとお考えですか。
・お子さんに「どうして勉強するの」と聞かれたら、どのように答えますか。
・当校は勉強が大変ですが、お子さんがつまずいたとき、お母さまはどうなさいますか。

### 面接資料／アンケート

第一次抽選通過者のみ20分程度のアンケートを実施。用紙サイズはB4判で記入スペースはB5判（800字程度）。以下のような記入項目がある。

・早期教育についてあなたはどのように考えますか。また、その考えのもと、どのようにご家庭で子育てをしていますか。

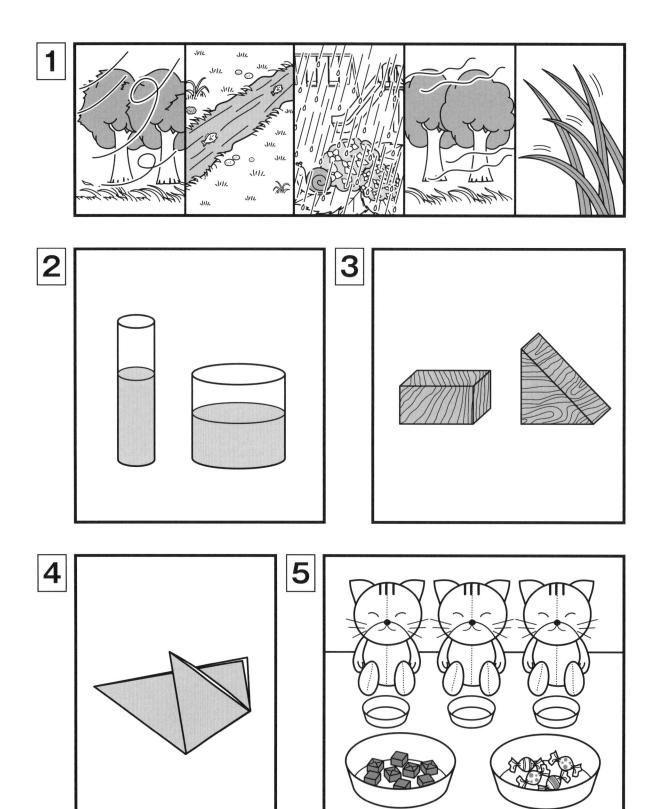

**6**

【完成例】

## ■ 選抜方法

| 第一次 | 男女とも生年月日順にA（4月2日〜7月31日生）、B（8月1日〜11月30日生）、C（12月1日〜4月1日生）の3グループに分け、それぞれ抽選で各グループ70人ずつ男女各210人を選出する。当日は第二次検定手続きに必要な第一次検定受検票、筆記用具と印鑑、朱肉を持参する。 |
|---|---|
| 第二次 | 考査は1日で、第一次合格者を対象に個別テスト、集団テストを行う。A、B、Cのグループ別に、ゼッケンが入っている封筒を引いて受検番号が決まる。所要時間は約3時間。子どもの考査中に保護者面接が行われる。当日は第二次検定受検票のほかに、住民票、振替払込受付証明書、写真（第二次検定用の台紙に貼付する）、筆記用具を持参する。 |
| 第三次 | 第二次合格者による抽選。第二次検定時に配付される「ゼッケン番号カード」を持参する。 |

## 個別テスト

教室で絵本を読みながら待つ。課題はグループによって異なる。

## ● 言語（男女共通）

テスターが反対言葉の本を読み聞かせる。
- ○○の反対言葉は何ですか。
- この本の続きはどうなりますか。

## 1 言　語

家族でお出かけしている絵、お父さんがのんびり昼寝している絵、お友達と遊んでいる絵、お父さんの絵がそれぞれ描かれた絵カードが用意されている。
- お父さんがお休みの日はどのように過ごしていますか。この中から選んでお話ししてください。

## 2 言　語

お母さんと道を歩いている絵、子どもたちがお絵描きをしている絵、家族でどこかに出かけている絵、スカイツリーの絵が描かれた絵カードが用意されている。
- 家族みんながお休みの日は何をしますか。この中から選んでお話ししてください。

## ● 言語（しりとり）・お話作り

学校、ウサギ、ナシ、水鉄砲、懐中電灯などが描かれた9枚の絵カードが用意されている。

・この中から3枚を選んでしりとりをしましょう。

・しりとりで使わなかった6枚のカードを使ってお話を作りましょう。カードは何枚使ってもよいですよ。

## 🔖 構　成

三角、四角、長四角の積み木が1つずつ用意されている。

・積み木をできるだけ高くなるように積みましょう。

先ほどより大きい三角、四角、長四角の積み木が1つずつ用意される。

・さっき積んだ積み木よりも低くなるように積みましょう。

## 3 推理・思考

リボンで留められているピザの箱、いろいろな長さのリボンが用意されている。

・ピザの箱を留めているリボンと同じ長さのリボンはどれですか。指でさしましょう。リボンを箱に当てて調べてもよいですよ。

## 4 構　成

8等分のピースに分けられる円形の模擬のピザ、長四角の箱が用意されている。

・ピザをバラバラにして、箱の中に入れましょう。

## 🔖 数　量

フォーク4本、スプーン6本を見せられる。

・どちらが多いですか。

## ▌集団テスト ▌ 課題はグループによって異なる。

## 🔖 行動観察

たくさんの紙皿や紙コップ、箱などが用意されている。ガムテープとはさみの入った箱が3ヵ所に置かれている。用意された材料を使って好きなものを作り、できたもので遊ぶ。1人でも、お友達と一緒でもよい。

## 5 制作（クリスマスバッグ作り）

B4判の画用紙（白）、バッグの取っ手の台紙（水色）、バッグのマチにする台紙（青）、クリスマスツリーの台紙（緑）、植木鉢の台紙（茶色）、三日月の台紙（黄色）、綴じひも、ビーズ（赤、黄色）各10個、スティックのり、セロハンテープ、はさみが各自の机の上

に用意されている。

・クリスマスツリー、植木鉢、三日月をはさみで切り取りましょう。マチの台紙の太い線を谷折りに、点線を山折りにしてください。バッグにする白い画用紙を半分に折り、表になる面にクリスマスツリーと植木鉢をスティックのりで貼りましょう。折ったマチをバッグの両端にスティックのりで貼り合わせてください。取っ手をはさみで切り取り、バッグの上の部分の内側にスティックのりで貼りつけましょう。綴じひもにビーズを3個通し、取っ手にチョウ結びでつけてください。

### 6 制作（池のカエル作り）

カエルの顔の台紙、魚の台紙、葉っぱの台紙、画用紙（水色）、紙コップ、目用と口用のシール、綴じひも、毛糸（黄色）、ビーズ、スティックのり、セロハンテープ、はさみが各自の机の上に用意されている。ビーズには触らないというお約束がある。

・カエルの顔をはさみで切り取り、シールを貼って目と口にしたら、紙コップにスティックのりで貼りましょう。綴じひもを紙コップのカエルの顔の下に巻いて、チョウ結びにしてください。葉っぱをちぎり取り、葉っぱの中の線に合わせて毛糸をセロハンテープで貼りましょう。魚をはさみで切り取り、水色の画用紙の真ん中に紙コップのカエルを置き、その左に葉っぱ、右に魚をスティックのりで貼ってください。

## ▌保護者面接
子どもたちが考査会場に移動した後、保護者は体育館で待機。受検番号順に着席し、呼ばれたら、面接会場である前方に設けられたブースに入る。面接官2人と保護者1人で行う。

### 保護者

・お子さんの名前と生年月日、住所を教えてください。
・最近お子さんがうそをついたエピソードを教えてください。
・お子さんが課題としていることは何ですか。
・お子さんのきょうだいと同じ公立小学校に行かせるということはないのですか。
・ほかのきょうだいが甘えていると、お子さんも甘えたくなってけんかになりませんか。
・お休みはどのようにしてお子さんと過ごし、どのようなことを心掛けていますか。
・本校は保護者のご協力を必要とする学校です。学校に来ていただくことも多いですが、お仕事はされていますか。この点について、いかがでしょうか。

## ▌面接資料／アンケート
第一次抽選通過者のみ20分程度のアンケートを実施。用紙サイズはB4判で記入スペースはB5判（800字程度）。以下のような記入項目がある。

・お子さんが本校に入学するにあたって、普段から言い聞かせ、心掛けさせたいことを3つ挙げてください。その中の1つについてその理由を具体的に述べてください。

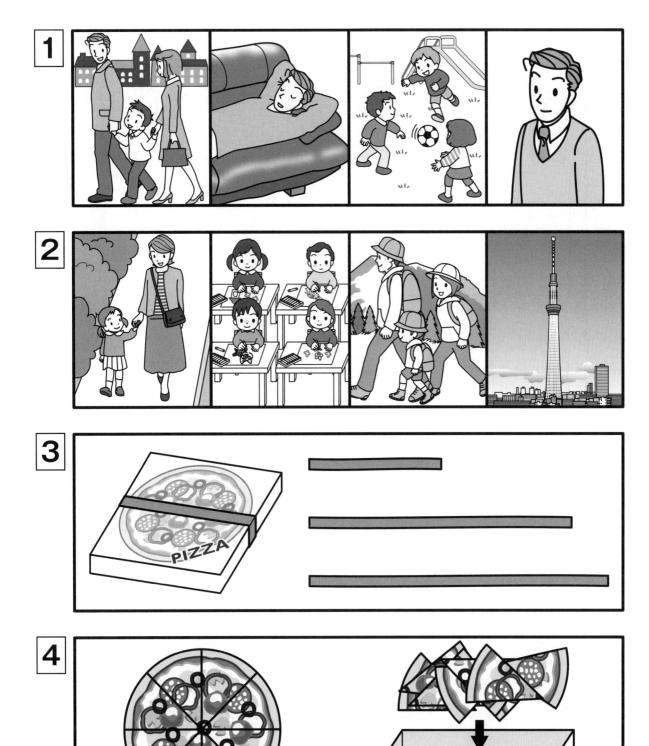

**5**

〈材料〉

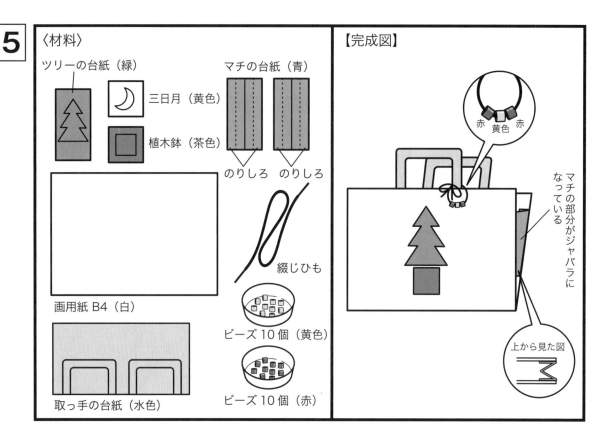

ツリーの台紙（緑）

三日月（黄色）

植木鉢（茶色）

マチの台紙（青）

のりしろ　のりしろ

綴じひも

画用紙 B4（白）

取っ手の台紙（水色）

ビーズ 10 個（黄色）

ビーズ 10 個（赤）

【完成図】

赤　黄色　赤

マチの部分がジャバラになっている

上から見た図

**6**

〈材料〉

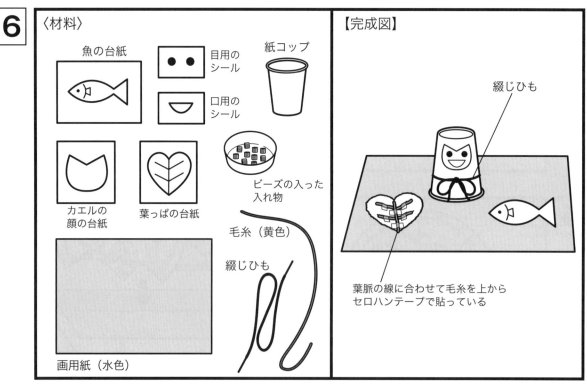

魚の台紙

目用のシール

口用のシール

紙コップ

カエルの顔の台紙

葉っぱの台紙

ビーズの入った入れ物

毛糸（黄色）

綴じひも

画用紙（水色）

【完成図】

綴じひも

葉脈の線に合わせて毛糸を上からセロハンテープで貼っている

# section
# 2016 お茶の水女子大学附属小学校入試問題

## ■ 選抜方法

| 第一次 | 男女とも生年月日順にA（4月2日～7月31日生）、B（8月1日～11月30日生）、C（12月1日～4月1日生）の3グループに分け、それぞれ抽選で各グループ70人ずつ男女各210人を選出する。当日は第二次検定手続きに必要な第一次検定受検票、筆記用具と印鑑、朱肉を持参する。 |
| --- | --- |
| 第二次 | 考査は1日で、第一次合格者を対象に個別テスト、集団テストを行う。A、B、Cのグループ別に、ゼッケンが入っている封筒を引いて受検番号が決まる。所要時間は約3時間。子どもの考査中に保護者面接が行われる。当日は第二次検定受検票のほかに、住民票、振替払込受付証明書、写真（第二次検定用の台紙に貼付する）、筆記用具を持参する。 |
| 第三次 | 第二次合格者による抽選。第二次検定時に配付される「ゼッケン番号カード」を持参する。 |

## ■ 個別テスト

教室で絵本を読みながら待つ。課題はグループによって異なる。

### ■ 言語（男女共通）

・好きな絵本は何ですか。その本のどのようなところが好きですか。

・好きな遊びは何ですか。どうしてその遊びが好きですか。

・嫌いな遊びは何ですか。どうしてその遊びが嫌いですか。

### 1 数量・構成

三角形と四角形がかかれた台紙と、大きさの異なる三角形の積み木（大2個、中3個、小5個）が用意されている。

・この中で数が一番多い積み木はどれですか。指でさしましょう。

・（台紙を見せられて）三角形と四角形ではどちらが大きいですか。指でさしましょう。

・台紙の三角形と四角形にピッタリ合うように、積み木を選んで置きましょう。

### 2 言　語

・クマさんが、道の途中にあるみかんを採って左端にあるお友達のお家に行きます。どの道を通ったらよいかお話ししましょう。

### ■ 数　量

皿の上に小さいリングが7個つながったものと大きいリングが5個つながったものが置い

てある。

・どちらのリングの数が多いですか。お話ししましょう。触って調べてよいですよ。

・大きいリングと小さいリングの数はいくつ違いますか。お話ししましょう。

### ③ 構　成

形がかかれた台紙とさまざまな形の紙が用意されている。

・台紙の形にピッタリ合うように形の紙を2つ選んで置きましょう。形は重ねて置いてください。

・今度は、重ねずに台紙の形にピッタリ合う形を選んで置きましょう。

### 🔖 推理・思考（対称図形）

三角に四つ折りにした折り紙が用意されている。

・広げるとどのような形になりますか。

三角に四つ折りにした
折り紙

### 🔖 数　量

少し離れた机の上に、積み木を5つ積んだものと7つ積んだものが用意されている。

・どちらの方が高いですか。

・どちらの方が積み木の数が多いですか。

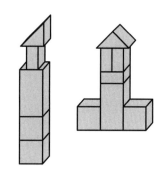

### 🔖 構　成

形や大きさの異なる積み木が5つ置いてある。

・この中から積み木を3つ選んで、できるだけ高くなるように積みましょう。

### ④ お話作り

6枚の絵カードが用意されている。

・この中から好きな絵カードを3枚選んで、1つのお話を作りましょう。

## ┃ 集団テスト ┃ 課題はグループによって異なる。

### 🔖 行動観察

4、5人ずつのグループで行う。指示された動物の帽子をかぶり、同じ動物同士でグルー

プになる。

魚釣りゲーム：バラバラになっている魚のパーツ、ダブルクリップ、ゼムクリップ、フー
　　　　　　　プが用意されている。魚のパーツをダブルクリップで留めて魚の形にし、
　　　　　　　ゼムクリップを1ヵ所につけてフープの中に置く。グループごとに釣りざ
　　　　　　　おが3本与えられるので、その中から1本だけを選び2本はテスターに返
　　　　　　　す。グループで相談しながら1本の釣りざおを使って仲よく遊ぶ。

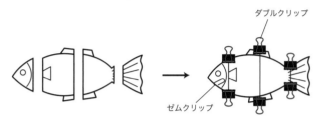

すごろくゲーム：模造紙半分のサイズの紙に途中まで描かれたすごろく、ガムテープの芯、
　　　　　　　橋用の紙、フェルトペン、スティックのり、動物の絵が描かれたサイコ
　　　　　　　ロと駒が用意されている。みんなで相談してすごろくの続きを描く。下
　　　　　　　のイラストのように星印の丸からスタートして丸を少しずつ重ねなが
　　　　　　　ら、すでにかいてある丸をすべて通り黄色のゴールまでつなげていく。
　　　　　　　丸をかくときはガムテープの芯を使って型取り、いくつかの丸の中に星
　　　　　　　印（スタートに戻る）または人の顔（1回休み）を描いておく。すごろ
　　　　　　　くができあがったらみんなで仲よく遊ぶ。早くゴールに着いた人が勝ち。
　　　　　　　1度遊び終わったら今度は川の対岸のお家がゴールになるように、用意
　　　　　　　されている橋用の紙から1枚選んでのりで貼りつけ、橋の上に丸をかき
　　　　　　　再度すごろくをして遊ぶ。

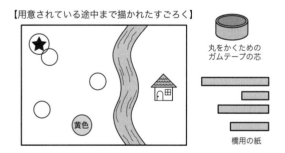

コロコロ迷路：周囲に囲いがあり緑と黄色の紙が貼られたマグネット式の白いボード、下
　　　　　　　にマグネットのついたL字形の板、ビー玉が用意されている。ボードの緑
　　　　　　　の紙のところから黄色の紙のところまでビー玉を転がしていく迷路を、L
　　　　　　　字形の板を使って作る。行き止まりも必ず作る。迷路ができたらグループ

全員でボードを持ち、斜めにするなどしながらビー玉を転がして遊ぶ。

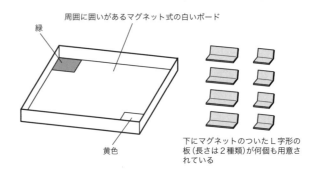

周囲に囲いがあるマグネット式の白いボード

緑

黄色

下にマグネットのついたL字形の板（長さは2種類）が何個も用意されている

### 話の記憶

お話が書かれたプリントが配られる。テスターと一緒にみんなでお話を読んだ後、質問に答える。

### 5 制作（秘密の仲間の絵本作り）

6つの絵が描かれた台紙A、右下に鍵穴が描かれた台紙B、毛糸、スティックのり、はさみが用意されている。

・台紙Aの点線をはさみで切り、6枚のカードに分けましょう。台紙Bを横半分に折り、さらに縦半分に2回折って折り線をつけてください。いったん縦半分の大きさに広げ、太線のところをはさみで切りましょう。それを全部広げて今度は横半分に折り、切ったところを広げ、鍵穴の絵が表紙になるように折りたたみ冊子状にしてください。表紙と裏表紙をのぞくと6ページの本になります。中のページに、切った6枚のカードをのりで貼りましょう。そのとき、開いた左右のページの絵が仲間になるようにしてください。貼り終わったら絵本を毛糸で巻いてチョウ結びにしましょう。

### 6 制作（魚作り）

紙皿、しっぽの台紙、うろこの台紙、画用紙（黄色）、丸シール（黒）2枚、毛糸、スティックのり、はさみが用意されている。

・紙皿を半分に折り魚の胴体にします。両側に黒い丸シールを貼って目にしましょう。うろこをはさみで切り取り、のりで胴体の両側に貼ってください。しっぽは台紙からちぎり取り、胸びれは黄色の画用紙を好きなようにちぎって2枚作りましょう。胸びれを胴体の両側にのりで貼り、しっぽ2枚は胴体の両側から貼り合わせてください。毛糸をしっぽのつけ根に巻きつけ、チョウ結びにしましょう。

### 7 制作（花火作り）

画用紙（紺色）、星と三日月が描かれた台紙（黄色）、お花紙（黄色、ピンク）各1枚、ビーズ3個、スティックのり、セロハンテープ、はさみが用意されている。

・はさみで星と三日月を切り取ってください。ピンクのお花紙を半分にちぎり、2枚に分けましょう。1枚を途中まで細長くねじって一方の端は広げておき、ねじったところにビーズを3個通します。もう1枚のお花紙を途中までねじり、下の方は広げて手で裂いてください。黄色のお花紙も半分にちぎり、1枚をピンクのお花紙と同じように途中まで細長くねじって、一方の端は広げておきます。もう1枚は丸めてください。紺色の画用紙の左上に星と三日月をのりで貼りましょう。画用紙の真ん中に細長くしてビーズを通したピンクのお花紙、その下に手で裂いたピンクのお花紙をセロハンテープで貼り花火を作ります。右側に細長くした黄色のお花紙、その下に黄色のお花紙を丸めたものをセロハンテープで貼って線香花火にしましょう。

**保護者面接** 子どもたちが考査会場に移動した後、保護者は多目的ホールで待機。受検番号順に呼ばれ、面接会場へと向かう。面接官2人と保護者1人で行う。

**保護者**

・お子さんの名前と生年月日、住所を教えてください。
・お子さんは本が好きですか。どのような本が好きですか。
・お子さんが小学校に進学するにあたり、何か不安なことはありますか。
・お子さんにご両親のどのようなところをまねしてほしいですか。
・ご家庭でお子さんに伝えていきたいことは何ですか。そのためにどのようなことをしていますか。
・最近お子さんをどのようなことでしかりましたか。
・(母親が仕事をしている場合) お仕事をされていますが、学校行事には参加できますか。
・身の回りのことや世間で起こっていることで、最近どうしても許せないことはありますか。

**面接資料／アンケート** 第一次抽選通過者のみ20分程度のアンケートを実施。用紙サイズはB4判で記入スペースはB5判。以下のような記入項目がある。

・お子さんが小学校を卒業するときには、どのような子どもになっていてほしいですか。そのためにご家庭で何をしますか。具体的に書いてください。

**1** 〈大・中・小の積み木〉

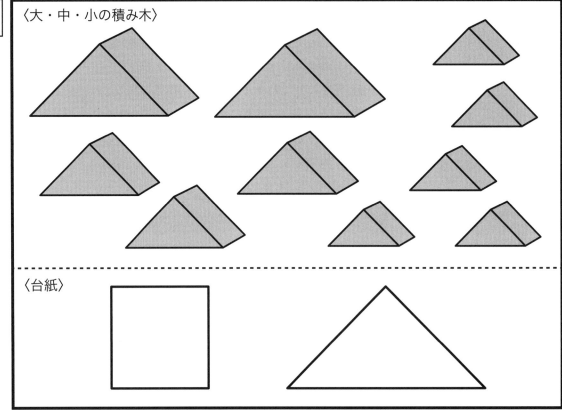

〈台紙〉

**2**

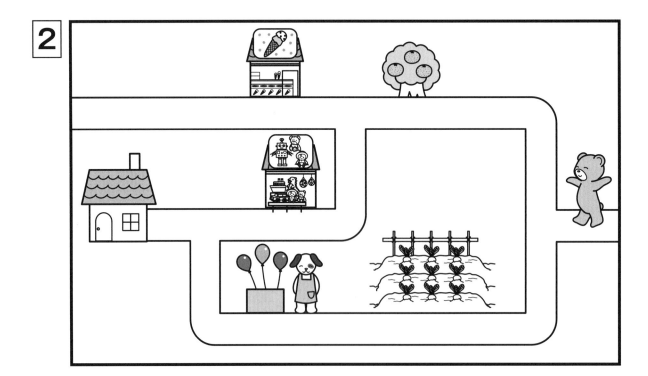

**3** 〈台紙〉

〈さまざまな形の紙〉

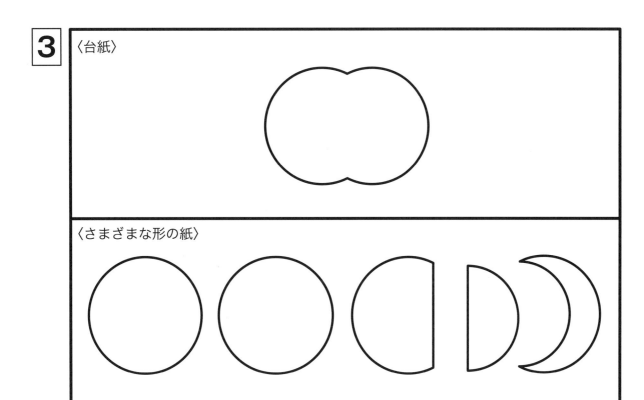

**4**

**5**

〈材料〉

台紙 A

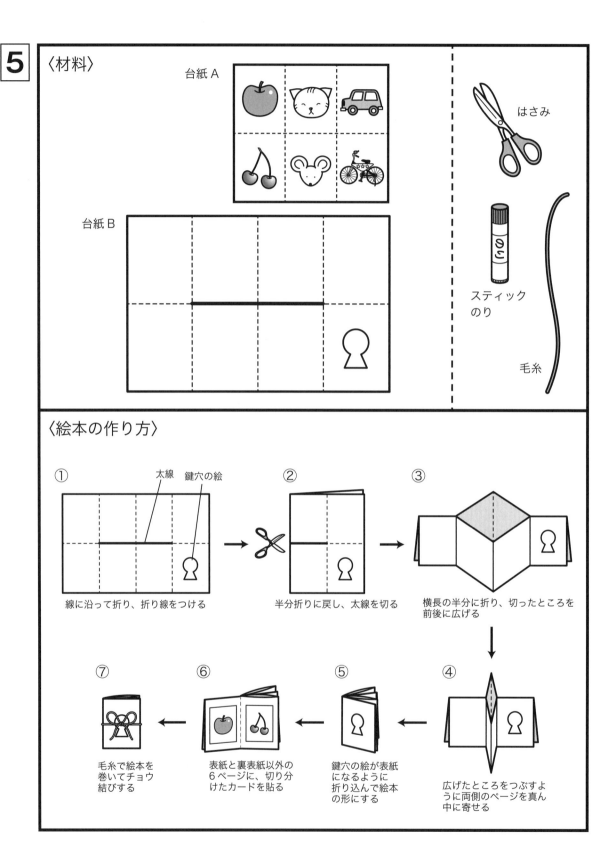

台紙 B

はさみ

スティック
のり

毛糸

〈絵本の作り方〉

① 太線　鍵穴の絵

線に沿って折り、折り線をつける

② ✂

半分折りに戻し、太線を切る

③

横長の半分に折り、切ったところを
前後に広げる

④

広げたところをつぶすよ
うに両側のページを真ん
中に寄せる

⑤

鍵穴の絵が表紙
になるように
折り込んで絵本
の形にする

⑥

表紙と裏表紙以外の
6 ページに、切り分
けたカードを貼る

⑦

毛糸で絵本を
巻いてチョウ
結びする

**6**

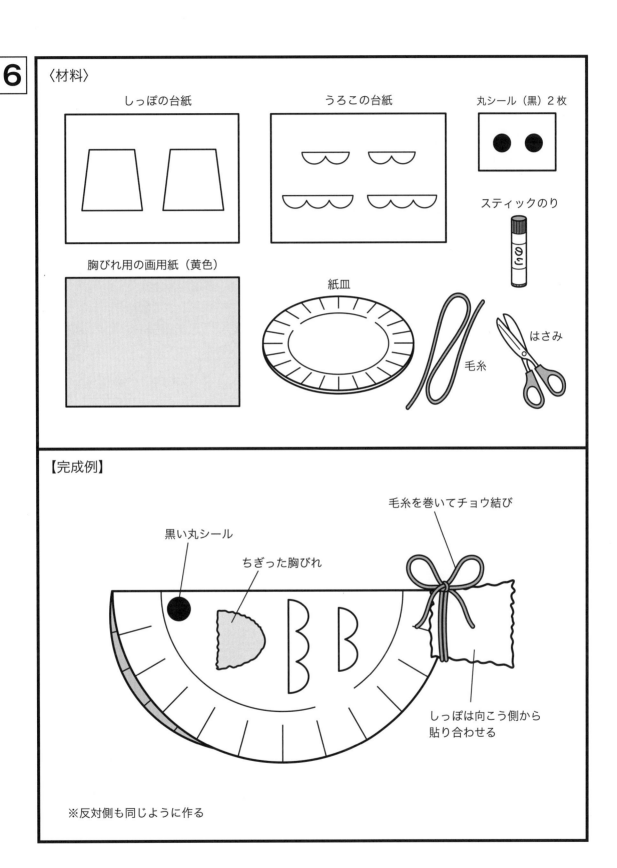

〈材料〉

しっぽの台紙　　　　うろこの台紙　　　　丸シール（黒）2枚

胸びれ用の画用紙（黄色）　　　　紙皿　　　　スティックのり

毛糸　　　はさみ

【完成例】

毛糸を巻いてチョウ結び

黒い丸シール

ちぎった胸びれ

しっぽは向こう側から
貼り合わせる

※反対側も同じように作る

**7**

〈材料〉

画用紙（紺色）

お花紙（黄色）　　お花紙（ピンク）

星と月が描かれた台紙（黄色）

ビーズ3個

はさみ

スティックのり

セロハン
テープ

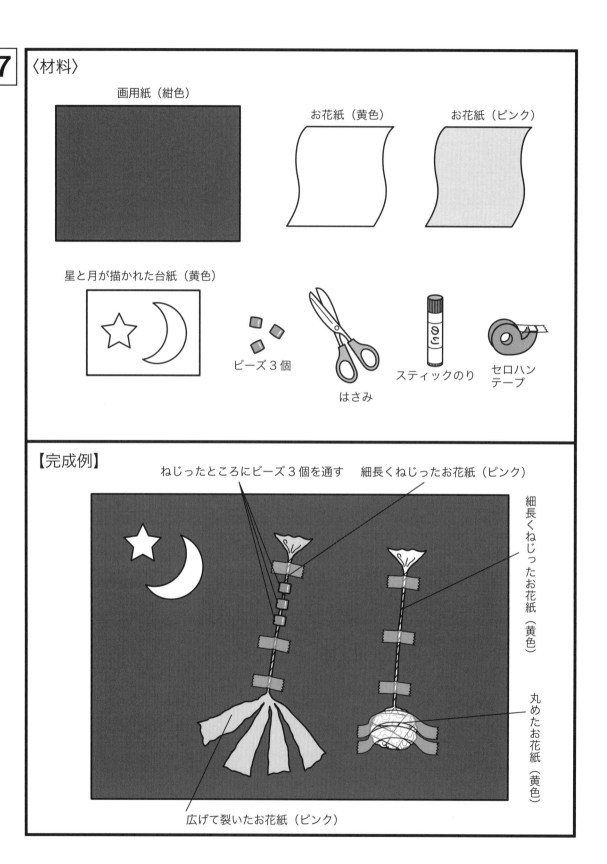

【完成例】

ねじったところにビーズ3個を通す　　細長くねじったお花紙（ピンク）

細長くねじったお花紙（黄色）

丸めたお花紙（黄色）

広げて裂いたお花紙（ピンク）

# <sup>section</sup> 2015　お茶の水女子大学附属小学校入試問題

## ■ 選抜方法

| 第一次 | 男女とも生年月日順にA（4月2日～7月31日生）、B（8月1日～11月30日生）、C（12月1日～4月1日生）の3グループに分け、それぞれ抽選で各グループ70人ずつ男女各210人を選出する。当日は第二次検定手続きに必要な第一次検定受検票、筆記用具と印鑑、朱肉を持参する。 |
|---|---|
| 第二次 | 考査は1日で、第一次合格者を対象に個別テスト、集団テスト、運動テストを行う。A、B、Cのグループ別に、ゼッケンが入っている封筒を引いて受検番号が決まる。所要時間は約3時間。子どもの考査中に保護者面接が行われる。当日は第二次検定受検票のほかに、住民票、振替払込受付証明書、写真（第二次検定用の台紙に貼付する）、筆記用具を持参する。 |
| 第三次 | 第二次合格者による抽選。第二次考査時に配付される「ゼッケン番号カード」を持参する。 |

## ■ 個別テスト ┃ 教室で絵本を読みながら待つ。

### 1 推理・思考（対称図形）（男女共通）

お手本、四つ折りにされた折り紙、鉛筆が用意されている。

・お手本と同じ形にするにはどこを切ればよいですか。鉛筆で線をかきましょう。

### 2 言語（男女共通）

・今日はここまでどうやって来ましたか。

・朝ごはんは何を食べましたか。

・（タクシー、電車、船、バスなどが描かれた乗り物の絵カードを見せられる）先生はバスと電車とタクシーに乗ってきました。先生が乗ってきたものを指でさしてください。

### 3 お話作り（男女共通）

裏面が赤、黄色、青の各3枚計9枚の絵カードが用意されている。左の丸を指示通りに塗ってから行う。

・裏面を上にして置かれた9枚の絵カードから、赤2枚、黄色1枚、青1枚の計4枚を選んで表に返しましょう。選んだ4枚のカードの絵を使ってお話を作りましょう。

## ■ 集団テスト ┃ 課題はグループによって異なる。

## 🪙 集団ゲーム（男女共通）

猛獣狩りに行こうよ：テスターのかけ声を復唱しながら、テスターが言った動物がいくつの音でできているか考えて、その数のお友達と手をつないで座る。

## 🪙 行動観察

宝物探し：4、5人のグループで行う。カゴの中にパズルのピースが用意されている。みんなで相談してパズルを完成させる。完成したパズルの絵が宝物探しのヒントになっていて、ヒントをたよりにみんなで宝物を探し当て、それを使って遊ぶ。（たとえば、パズルの絵をヒントに机の裏にトランプを見つけ、みんなで相談してトランプで遊ぶなど）

橋作り：4、5人のグループで行う。色画用紙とガムテープ、床の上に2枚のマットが置いてある。マットを島に見立てて、自分たちの島（手前のマット）から向こうの島（もう1枚のマット）まで色画用紙とガムテープを使って橋を作り、島から島に渡れるようにする。

タワー作り：4、5人のグループで行う。大きさの違う紙コップがたくさん用意されている。なるべく高くなるようにチームで協力して紙コップのタワーを作る。

## 🪙 自由遊び（男女共通）

ビー玉転がし、輪投げ、的当て、黒ひげゲームなどの遊具が置いてあり、それらを使って同じグループのお友達と一緒に自由に遊ぶ。

## 4 制作（絵本作り）（男女共通）

Ａ
マス目に家の形が描いてある紙、B4判の台紙（表面は左側にマス目、裏面は左側にブーツとクリスマスリースの写真（カラー）が印刷され、右側にブーツの絵が描いてある）、ひも、アイロンビーズ（青、黄緑、赤）各6個、スティックのり、セロハンテープ、はさみが用意されている。

・紙に描かれた家をはさみで切り取り、B4判の台紙（表）の左側に、切り取る前と同じ位置になるようにマス目を合わせてスティックのりで貼りましょう。台紙を裏返し、左側に印刷されたクリスマスリースのお手本と同じになるように、ひもにアイロンビーズを通してリース（輪）を作りましょう。できたら、右側のブーツの絵を囲むようにセロハンテープで留めましょう。

B 雲と飛行機が描いてある紙各1枚、B4判の台紙（表面は上半分に雲と飛行機、裏面は左側にウサギ、右側にパンダが描いてある）、ひも、スティックのり、セロハンテープ、はさみが用意されている。

・紙に描かれた雲と飛行機をはさみで切り取り、B4判の台紙（表）の上半分に描いてあるお手本と同じになるように、下半分にスティックのりで貼りましょう。台紙を裏返し、左側のウサギが持っている風船のお手本のように、ひもを輪にして結び風船を作りましょう。できたら、右側のパンダの手に持たせてセロハンテープで留めましょう。

C B4判の台紙（左側にひもとビーズで作ったキンギョの写真（カラー）が印刷されている）、左側にカエルが1匹描いてある紙と左側にカエルが2匹描いてある紙各1枚、ひも、ビーズ（ピンク）2個、（黄色、水色）各3個、セロハンテープ、鉛筆が用意されている。

・B4判の台紙の左側にあるキンギョのお手本と同じになるように、ひもにビーズを通して2ヵ所をかた結びし、しっぽの形になるように1回ひねってキンギョを作りましょう。できたら、台紙の右側にセロハンテープで留めましょう。

・カエルが描かれた紙は、同じカエルをそれぞれ右側に鉛筆で描きましょう。

・キンギョの台紙とカエルが描かれた2枚の紙を、絵本になるようにセロハンテープで貼り合わせましょう。

## 運動テスト

### 連続運動（男女共通）

クマ歩き→平均台を渡る→イモムシゴロゴロ→走る→ケンパーでゴールする。

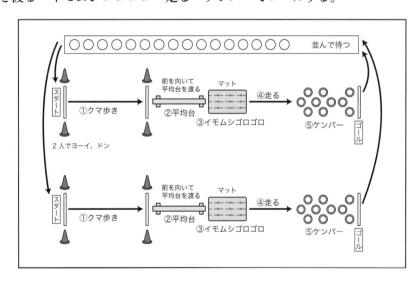

## 保護者面接

子どもたちが考査会場に移動した後、保護者は多目的ホールで待機。受検番号順に呼ばれ、面接会場へと向かう。面接官2人と保護者1人で行う。

### 保護者

・お子さんの名前と生年月日、住所を教えてください。

・志望理由をお聞かせください。

・お子さんの性格について教えてください。

・お子さんへのお誕生日プレゼントを教えてください。

・どのようにしてここまで来ましたか。

・通学の際に交通ラッシュの心配はないですか。

・ご自身が最近読んだ本でおすすめの本は何ですか。

・お子さんは本をよく読みますか。どんな本を読みますか。

・お子さんは幼稚園（保育園）で何が一番楽しいと言っていますか。

・（仕事をしている場合）仕事をしておられますが、学校教育に全面的に協力してもらえますか。

## 面接資料／アンケート

第一次抽選通過者のみ20分程度のアンケートを実施。用紙サイズはB4判で記入スペースはB5判。以下のような記入項目がある。

・本校が公立小学校と異なる3つの点のうち、どれか1つについてそのマイナス面を書いてください。また、その点に関して保護者としての考えを800字程度で書いてください（配付資料やパンフレットの参照可）。

**1**

【お手本】

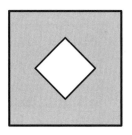 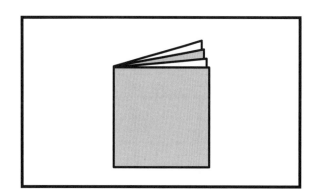

**2**

**3**

 赤

 黄

 青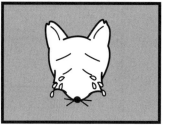

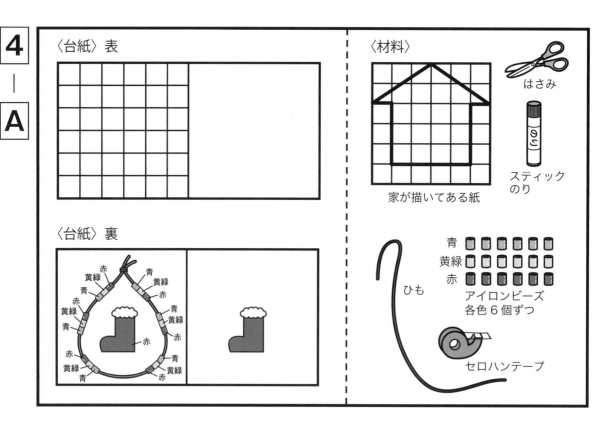

**4 − A**

〈台紙〉表

〈材料〉

家が描いてある紙

はさみ

スティックのり

青
黄緑
赤

アイロンビーズ
各色6個ずつ

ひも

セロハンテープ

〈台紙〉裏

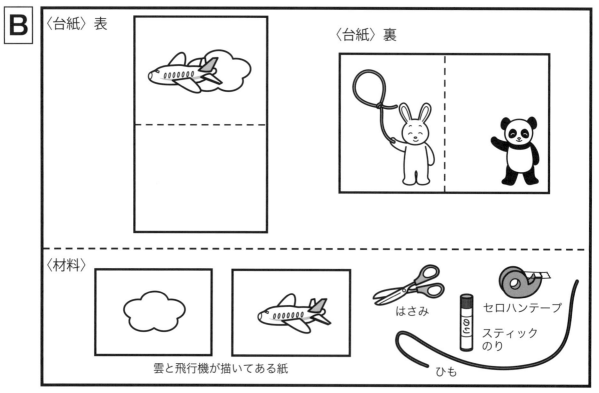

**B**

〈台紙〉表

〈台紙〉裏

〈材料〉

雲と飛行機が描いてある紙

はさみ

セロハンテープ

スティックのり

ひも

## 4 —C

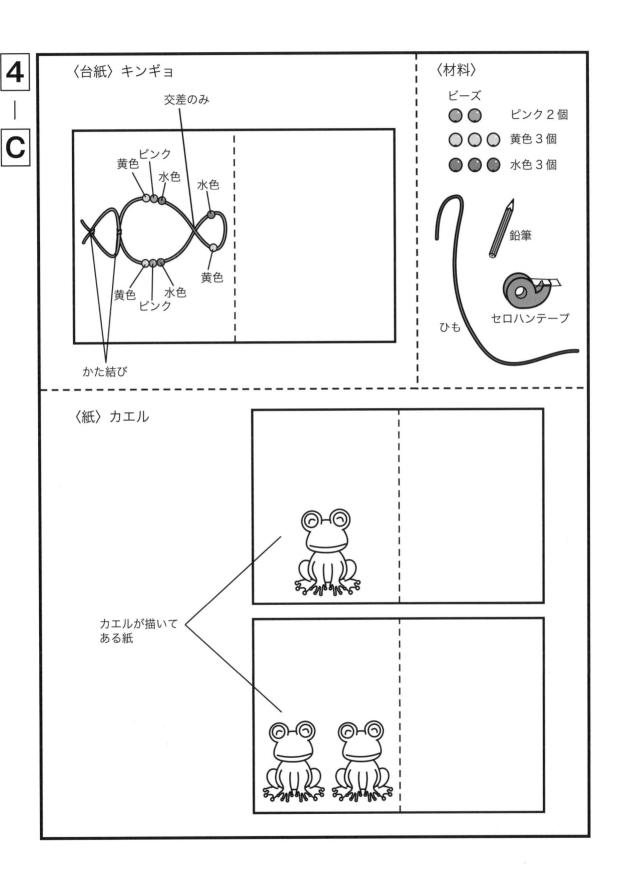

〈台紙〉キンギョ

交差のみ

黄色
ピンク
水色
水色

かた結び

黄色
ピンク
水色
黄色

〈材料〉

ビーズ

ピンク 2 個
黄色 3 個
水色 3 個

鉛筆

セロハンテープ

ひも

〈紙〉カエル

カエルが描いて
ある紙

# 2014 お茶の水女子大学附属小学校入試問題

## ■ 選抜方法

**第一次** 男女とも生年月日順にA（4月2日〜7月31日生）、B（8月1日〜11月30日生）、C（12月1日〜4月1日生）の3グループに分け、それぞれ抽選で各グループ70人ずつ男女各210人を選出する。当日は第二次検定手続きに必要な筆記用具と印鑑、朱肉を持参する。

**第二次** 考査は1日で、第一次合格者を対象に個別テスト、集団テスト、運動テストを行う。A、B、Cのグループ別に、ゼッケンが入っている封筒を引いて受検番号が決まる。所要時間は約3時間。子どもの考査中に保護者面接が行われる。当日は受検票のほかに、住民票、写真（出願書類に添付する）、筆記用具を持参する。

**第三次** 第二次合格者による抽選。第二次考査時に配付される「ゼッケン番号カード」を持参する。

## ■ 個別テスト | 教室で絵本を読みながら待つ。

### 1 話の理解（男女共通）

赤、青、黄色の丸いシールがある。数種類の動物がいくつかの丸の中に描いてある台紙を見せられる。
・1つの丸の中に同じ動物が描いてある丸に赤いシールを貼りましょう。
・2種類の動物が描いてある丸に黄色のシールを貼りましょう。

### 2 言語（男女共通）

・今日は誰とどうやって来ましたか。
・今日は何を食べてきましたか。
・「ナ」で始まるものを言ってください。
・朝起きて初めにすることを教えてください。
・4つの音でできているものを言ってください。
・（カードを見せられて）しりとりでつながるようにクエスチョンマークのところに入るものを言いましょう。
・（絵を見せられて）お友達とここでどんな遊びをしたいですか。

### 3 推理・思考・構成（男女共通）

机の上に赤い棒2本、青い棒3本が置いてある。

・青い棒をつなげて、2本の赤い棒より長くするためには、青い棒をあと何本取ってくればよいでしょうか。
・（紙にかかれた正三角形を見せられる）青い棒と赤い棒を全部で4本使って、お手本と同じ三角形を作りましょう。

## 推理・思考（重さ比べ）（男子）

てんびんと、電池、つぼのり、ルービックキューブ、ボール、円柱の積み木が置いてある。
・てんびんを使って5つのものの重さを量り、重い順に左から並べてください。

## 4 推理・思考（比較）（女子）

ひもで作った丸とひし形が貼られた台紙を見せられる。
・どちらのひもが長いですか。

## 5 常識（判断力）（男子）

ペットボトル、お菓子、お弁当箱、傘、絵本、ソリ、シャベル、雪用のブーツの絵を見せられる。
・雪で遊ぶときには使わないと思うものを3つ選んでください。

## 6 常識（判断力）（女子）

テーブルの上に、お弁当箱、リュックサック、水筒、おもちゃの携帯電話、ゲーム機、絵本、お菓子が並べられている。
・あなたが遠足に持っていかないものを選びましょう。

## 集団テスト ┃ グループによって課題は異なる。

## 行動観察

すごろく遊び：3人1組で行う。みんなで相談しながらマス目がかいてある台紙の上にひもでコースを作る。作った後、動物の顔が描いてある駒とサイコロを使って遊ぶ。

遊園地作り：5人1組で行う。磁気のあるボード、磁石のついた乗り物（船、ゴーカート、観覧車、コーヒーカップなど）が置いてある。グループで相談し、乗り物の中から3つを選んで持ってくる。取りに行けるのは一度だけというお約束がある。持ってきたものをボードの上につけて、遊園地を作る。

## 自由遊び

ボウリング、積み木、輪投げ、的当て、黒ひげゲームなどの遊具が置いてある。それらを使って自由に遊ぶ。

### 7 巧緻性（男女共通）

※グループによって形は異なる。
例①
左に切り取り用の形、右にお手本のかかれた台紙、貼付用の台紙、スティックのり、はさみが用意されている。
・台紙を点線で切り分けた後、左側の形を切り取り、貼付用の台紙にお手本通りに貼りましょう。

例②
左に切り取り用の形がかかれた台紙、スティックのり、セロハンテープ、はさみが用意されている。
・点線に沿って形を切り取り、台紙の空いている場所にスティックのりで貼りましょう。形を切り取るときに切り込みを入れたところはセロハンテープで留めましょう。

### 8 巧緻性（男女共通）

（お手本を見せられ、自分で考えて行う）
お手本、2ヵ所に穴の開いた台紙、穴の開いた四角と三角の形、ひもが配られる。台紙の穴と形の穴が合うように重ね、下から穴にひもを通してチョウ結びをする。チョウ結びができないときはかた結びでもよい。

## 運動テスト

## 連続運動（男女共通）

クマ歩き→平均台を渡る→イモムシゴロゴロ→ケンパー→走る。

## リズム・身体表現（男女共通）

テスターの弾くピアノに合わせて歩く。音が止まったらゾウや小鳥など言われたものに変身する。

## 保護者面接

子どもたちが考査会場に移動した後、保護者は多目的ホールで待機。受検番号順に呼ばれ、面接会場へと向かう。面接官2人と保護者1人で行う。

### 保護者

・お子さんの名前と生年月日、住所を教えてください。
・1年生のうちは早いお迎えの日がありますが、どのように対応されますか。
・最近、お子さんに読み聞かせた絵本を3冊挙げてください。
・最近、お子さんをしかったのはどのようなことですか。
・学校内で保護者（が取る行動）として非常識だと思われることを具体的にお話ししてください。
・保護者が学校に対して意見を言う風潮についてどう思われますか。
・本校は研究機関ですが、具体的にどのような点でご協力いただけますか。

### 面接資料／アンケート

第一次抽選通過者のみ1時間程度のアンケートを実施。用紙サイズはB4判で記入スペースはB5判。以下のような記入項目がある。

・本校は公立小学校と異なる点が3つあります。そのうち2つについて保護者としてのお考えを書いてください。また、その2つを選んだ理由を800字程度で書いてください（配付資料やパンフレットの参照可）。

**1**

**2**

**3**

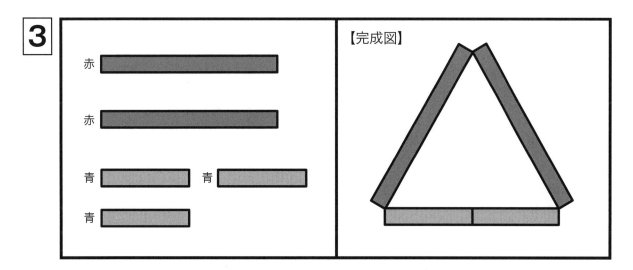

赤
赤
青　青
青

【完成図】

**4**

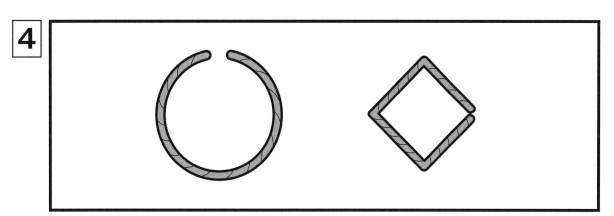

**5** **6**

**7**

【例①】　　　　　　　　〈お手本〉

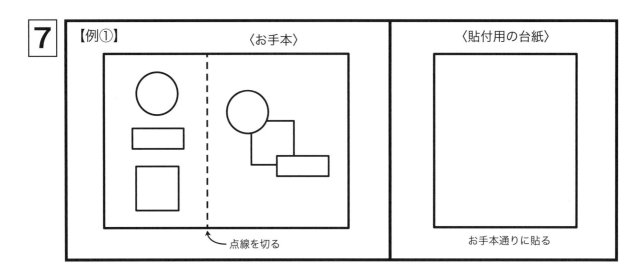

点線を切る

〈貼付用の台紙〉

お手本通りに貼る

【例②】　　　　　　　　〈台紙〉

点線を切り取る

隣のスペースに貼る

【完成図】

貼りつけた形

自分が切り込みを入れたところをセロハンテープで留めておく

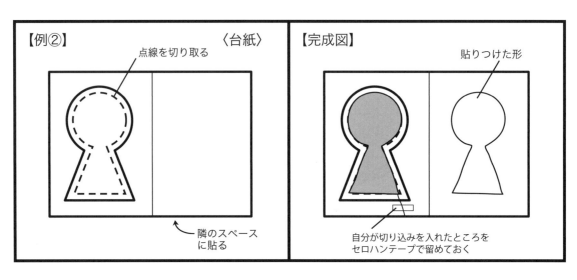

**8**

〈お手本〉

ひもでチョウ結びをする

形を穴に合わせて重ねる

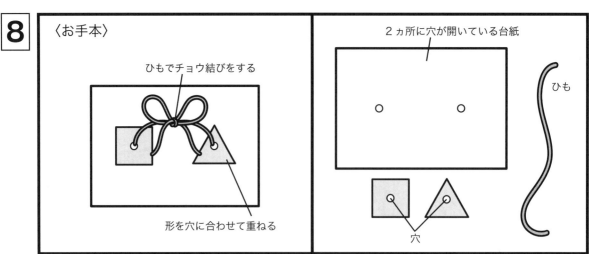

２ヵ所に穴が開いている台紙

ひも

穴

# section 2013 お茶の水女子大学附属小学校入試問題

## ■ 選抜方法

| 第一次 | 男女とも生年月日順にA（4月2日〜7月31日生）、B（8月1日〜11月30日生）、C（12月1日〜4月1日生）の3グループに分け、それぞれ抽選で各グループ50人ずつ男女各150人を選出する。当日は第二次検定手続きに必要な筆記用具と印鑑を持参する。 |
| --- | --- |
| 第二次 | 考査は1日で、第一次合格者を対象に個別テスト、集団テスト、運動テストを行う。A、B、Cのグループ別に、ゼッケンが入っている封筒を引いて受検番号が決まる。所要時間は約3時間。子どもの考査中に保護者面接が行われる。当日は受検票のほかに、住民票、写真（出願書類に添付する）、筆記用具を持参する。 |
| 第三次 | 第二次合格者による抽選。第二次考査時に配付される「ゼッケン番号カード」を持参する。 |

## ■ 個別テスト | 教室で絵本を読みながら待つ。

### ■ 言語（男女共通）

・今日は誰とどうやって来ましたか。

### ■ 絵画（男子）

絵描き歌の映像を1回見せられる。

・見た通りに鉛筆で描きましょう。鉛筆で描いた絵の上を赤鉛筆でなぞりましょう。どちらも歌を歌いながらやりましょう。

### ■ 数量（男子）

ヨーヨーの絵、パターンブロックの絵、キンギョの絵がある。ヨーヨーを買うのにカードが1枚、パターンブロックを買うのにカードが2枚、キンギョを買うのにカードが3枚いる。5枚のカードを示され、質問される。

・何が買いたいですか。

・カードを全部使うとしたらあと何が買えますか。

### ■ 常識（仲間探し）（女子）

クマ1頭と2頭、魚1匹と2匹、ニンジン1本と2本の計6枚のカードが用意されている。

・仲間になるように考えて分けましょう。

## 🔊 推理・思考（ひも）（女子）

・50cmくらいのひもを丸く重ねたお手本を見て、同じものを作る。

・3本のひもの中から、先ほど使ったひもと同じ長さのひもを探して指でさす。合っていたかどうか自分で確かめる。

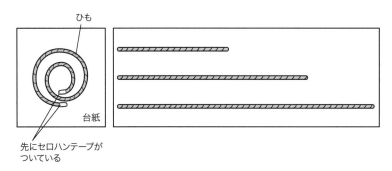

## 🔊 巧緻性（女子）

台紙にクマの顔の輪郭が描いてある。目、鼻など足りないところをクーピーペンで描き、色を塗る。

# 集団テスト

## 🔊 行動観察

（男子）

お祭りごっこ：5人1組で行う。みんなで相談しながら、2本の棒の間に大きな箱を置いてひもで結び、大きな箱の上に小さな箱を載せてお神輿を作る。4人で小さな箱を落とさないように掛け声をかけながらお神輿を担ぎ、もう1人はうちわであおぎながらみんなで部屋を1周する。お神輿を担ぐ人は法被を着る。

（女子）

劇遊び：5人1組で行う。「大きなカブ」をアレンジしたお話の紙芝居を聴く。みんなでどうやったらカブを抜くことができるか相談を始めたところでお話は終わるので、その続きを考え、誰が何の役をするのか、また、どんなセリフにするのか相談し、ペープサートを使って劇遊びをする。

## 1 制作・巧緻性

（男子）

魔法のステッキ作り：星が描かれた台紙2枚、割りばし、クーピーペン（12色）、ビニールテープ（赤）、つぼのり、はさみが用意されている。台紙の1枚は好きな色を塗り、もう1枚は好きな絵を描く。台紙は2枚とも黒い線に沿ってはさみで切り、星形にしてのりで貼り合わせる。割りばしの先の方を指2本分の幅を残して、その他の部分に赤のビニールテープを巻きつける。割りばしの先に星形の台紙を挟む。

## 2 制作・巧緻性

（女子）

ロールケーキ作り：カラー段ボール紙（白、ピンク、黄色、青）、モール（ピンク、赤）、アルミカップ2個、紙コップに入った綿わた、つぼのり、セロハンテープ（大）、前方の机に光沢のある紙（ピンク、赤、黄緑）が用意されている。好きな色のカラー段ボール紙と光沢のある紙を1枚ずつ重ねて筒状に丸め、セロハンテープで留める。筒状に丸めた中に綿わたをつめる。その後は自分で好きなように装飾をする（たとえばモールを丸めたものを載せるなど）。できたロールケーキをアルミカップの中に入れる。色違いの同じものを2個作る。

## 自由遊び（男子・女子）

輪投げ、福笑い、的当て、ボウリングなどの遊具が置いてあり、好きなものを選び、みんなで仲よく遊ぶ。

## 運動テスト

## 連続運動（男子）

跳び箱（1段）に乗り、ジャンプをしてマットに降りる→S字状のひもの上を歩く→マットに手をつきながら左右にジャンプをする→イモムシゴロゴロをする→好きなポーズをする。

## 連続運動（女子）

跳び箱（1段）に乗り、ジャンプをしてマットに降りる→S字状のひもの上を歩く→イモムシゴロゴロをする→好きなポーズをする。

## 保護者面接

各グループの保護者50人中25人が体育館に残り、ほかの25人は多目的ホールで待機して、終わったら入れ替わる。面接官2人と保護者1人で行う。

**保護者**

- お子さんの名前と生年月日、住所の確認をさせてください。
- 現在通っている幼稚園（保育園）を選んだ理由をお聞かせください。
- ご職業についてお話しください。
- 低学年のうちは帰宅が早いですが、ご家庭ではどのように対応しますか。
- 学校行事には参加できますか。
- 学校が厳しいから行きたくないとお子さんがぐずったとき、どう対処しますか。
- 父兄参観日にお遊戯会の役を決めたとします。ご自分のお子さんがやりたかった役をお友達に無理やりとられてしまいました。そのとき、保護者としてどう対処しますか。
- 父兄参観日にご自分のお子さんが目立とうとしてお友達を押しのけてしまいました。そのとき、保護者としてどう対処しますか。
- 日常生活ではお子さんとどのように接していますか。
- お子さんの好きな遊びは何ですか。

**面接資料／アンケート** ┃ 第一次抽選通過者のみに、用紙サイズはB４判、記入スペースはB５判のアンケートを実施。以下のような記入項目がある。

- 教育の実験的研究を使命とする本校にお子さんが入学された場合、保護者としてどのように対応されますか。

## 1 【男子】魔法のステッキ作り

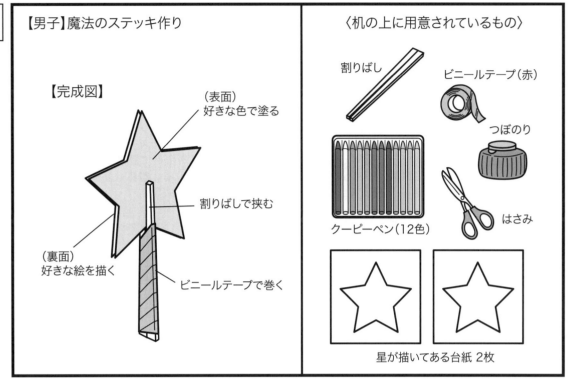

【完成図】

（表面）好きな色で塗る

割りばしで挟む

（裏面）好きな絵を描く

ビニールテープで巻く

〈机の上に用意されているもの〉

割りばし

ビニールテープ（赤）

つぼのり

はさみ

クーピーペン（12色）

星が描いてある台紙 2枚

## 2 【女子】ロールケーキ作り

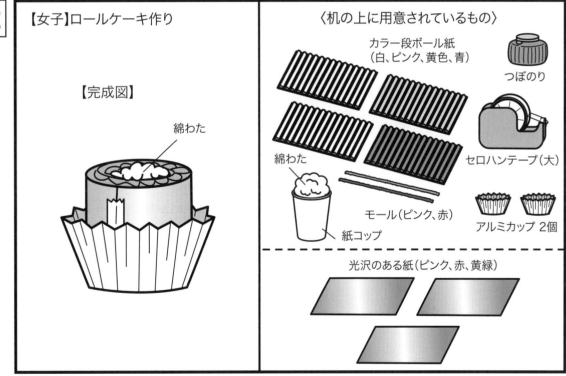

【完成図】

綿わた

〈机の上に用意されているもの〉

カラー段ボール紙（白、ピンク、黄色、青）

つぼのり

セロハンテープ（大）

綿わた

モール（ピンク、赤）

紙コップ

アルミカップ 2個

光沢のある紙（ピンク、赤、黄緑）

# 2012 お茶の水女子大学附属小学校入試問題

## ■ 選抜方法

| 第一次 | 男女とも生年月日順にA（4月2日～7月31日生）、B（8月1日～11月30日生）、C（12月1日～4月1日生）の3グループに分け、それぞれ抽選で各グループ50人ずつ男女各150人を選出する。当日は第二次検定手続きに必要な筆記用具と印鑑を持参する。 |

| 第二次 | 考査は1日で、第一次合格者を対象に個別テスト、集団テスト、運動テストを行う。A、B、Cのグループ別に、ゼッケンが入っている封筒を引いて受検番号が決まる。所要時間は約3時間。子どもの考査中に保護者面接が行われる。当日は受検票のほかに、住民票、写真（出願書類に添付する）、筆記用具を持参する。 |

| 第三次 | 第二次合格者による抽選。第二次考査時に配付される「ゼッケン番号カード」を持参する。 |

## ▌ 個別テスト ▐ 教室で絵本を読みながら待つ。

### ◼ 言語・常識・推理

（男子）

・ノートのようになっているカレンダーを見て何か聞かれる。（答えた後に）指示された月のページを開く。

・箱の中に手を入れて、中に入っているものを触り、どんな感じがするか答える。

（女子）

・風呂敷で包んだコップを触り、どんな感じがするか答える。

・形の違う2つのコップと、石やボール、紙などが用意されている。自分でコップ以外のものを1つ選び、どちらのコップに自分の選んだものが多く入ると思うかを答える。

## ▌ 集団テスト ▐

### 1 制作・巧緻性

（男子）

お花作り：台紙にお花が描いてある。色がついているところに粘土を丸めて押しつける。
葉の型紙を点線で半分に折り、黒い曲線に沿ってはさみで切り取った後、台紙

にのりで貼りつける。お花の下に描いてある丸にクーピーペンで色を塗る。

（女子）
東京タワー作り：東京タワーの展開図が描いてある台紙にクーピーペンで色を塗る。線の
　　　　　　　　ところをはさみで切る。点線のところを折り、のりで貼りつけて組み立
　　　　　　　　てていく。先端にセロハンテープでストローを留める。

## 行動観察

（男子）
・5人1組で行う。スポンジでできた積み木、紙コップなどをできるだけ高く積む。
・5人1組で行う。模造紙に赤と青の四角が隣り合ってかいてある。赤からスタートし青
　がゴールになるように、カラーのビニールひもをセロハンテープで模造紙に貼り、道を
　作る。その後、空いているところにフェルトペンを使って、みんなで絵を描く。描き終
　わったらミニカーで遊ぶ。

（女子）
・「ウサギとカメ」の紙芝居を聴く。このお話には続きがあって、ウマ、ゾウ、カタツムリ、
　バッタもお話に出ていたというのを聞いた後、好きな生き物を選んで、その生き物がど
　のようにしたかを考えてまねをする。

## 集団ゲーム

（男子）
何が落ちたゲーム：輪になって座り、「落ーちた、落ちた、何が落ちた」とみんなで一緒
　　　　　　　　　に歌い、その後、「リンゴ」「雷」「げんこつ」のいずれかを順番に言
　　　　　　　　　っていき、言われたもののポーズをとる。
〈約束〉
リンゴ：上から落ちてくるものを受けるように、両手を前に出す。
雷：両手でおへそを隠す。
げんこつ：両手を頭の上に置く。

（女子）
宝物取りゲーム：スタート地点に段ボール紙のマット2枚、ゴール地点に袋に入った宝物
　　　　　　　　が置いてある。1枚のマットに乗り、もう1枚のマットを前に置いてそ
　　　　　　　　ちらに移る。同じ動作をくり返しながらゴールまで行き、宝物を持って
　　　　　　　　帰る。

## 運動テスト

### ■ ケンパー

緑色のテープが円の形に貼ってありケンパーをする（往復）。

## 保護者面接

各グループの保護者50人中25人が体育館に残り、ほかの25人は多目的ホールで待機して、終わったら入れ替わる。面接官２人と保護者１人で行う。

### 保護者

・お子さんの名前と生年月日、住所を教えてください。
・お子さんは幼稚園（保育園）ではどのように過ごしていますか。
・お子さんをしかるのはどのようなときですか。
・幼稚園（保育園）でトラブルがあったときはどのように対応しますか。
・お子さんの好きな食べ物は何ですか。

## 面接資料／アンケート

第一次抽選通過者のみに、用紙サイズはＢ４判、記入スペースはＢ５判のアンケートを実施。以下のような記入項目がある。

・本校に入学されてから留意すべきことを大事な順に３つ挙げ、それぞれに対するご家庭の対応策をお聞かせください。

**1**

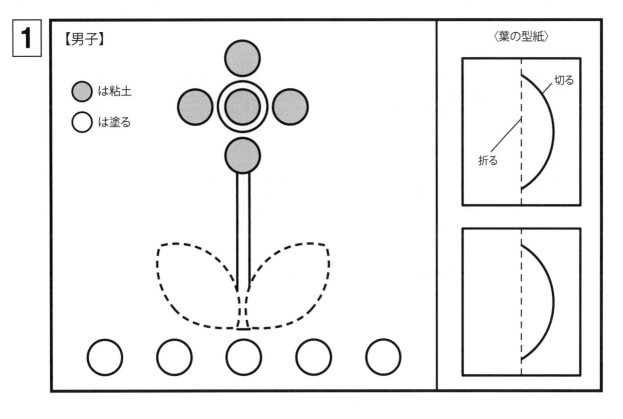

【男子】

○ は粘土
○ は塗る

〈葉の型紙〉

切る
折る

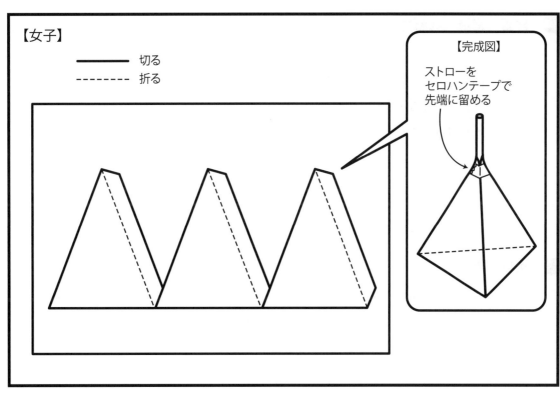

【女子】

—— 切る
------- 折る

【完成図】

ストローを
セロハンテープで
先端に留める

# 2011 お茶の水女子大学附属小学校入試問題

## ■ 選抜方法

| 第一次 | 男女とも生年月日順にA（4月2日～7月31日生）、B（8月1日～11月30日生）、C（12月1日～4月1日生）の3グループに分け、それぞれ抽選で各グループ50人ずつ男女各150人を選出する。当日は第二次検定手続きに必要な筆記用具と印鑑を持参する。 |

| 第二次 | 考査は1日で、第一次合格者を対象に個別テスト、集団テスト、運動テストを行う。A、B、Cのグループ別に、ゼッケンが入っている封筒を引いて受検番号が決まる。所要時間は約3時間。子どもの考査中に保護者面接が行われる。当日は受検票のほかに、住民票、写真（出願書類に添付する）、筆記用具を持参する。 |

| 第三次 | 第二次合格者による抽選。第二次考査時に配付される「ゼッケン番号カード」を持参する。 |

## ■ 個別テスト | 教室で絵本を読みながら待つ。

### ■ 言語・常識（判断力）

赤ちゃんがやけどをしたので、傷を冷やすために用意した水を人にかけてしまったお話を聞いた後、質問に答える。
・あなたならどうしますか。
・その後、赤ちゃんが笑っていました。どうしてでしょうか。

大きい星と小さい星の出てくるお話を聞いた後、質問に答える。
・あなたはどちらの星が好きですか。
・星に名前をつけるとしたら、どういう名前にしますか。

### ■ 推理・思考

ビン、洗剤の箱、丸い形のお菓子の缶、ピカチュウのぬいぐるみが用意されている。
・この中から3つを使って高くなるように積み上げましょう。
・なぜこのように積むと高くなると思いましたか。

# 集団テスト

## 巧緻性・制作

（男子）

絵本作り：絵が印刷されている３枚の画用紙を指示通りに貼り合わせ、絵本にする。絵本
の表紙には太陽の絵、中のページには原っぱに風船が浮かんでいる絵や、風船
と雲が浮かんでいる絵が印刷されていて、それをクーピーペンで塗る。最後の
ページには風船のみが印刷されているので、水色の画用紙に印刷された丸を切
り取り、風船に貼る。

（女子）

雪ダルマカード作り：雪ダルマが印刷された台紙が配られ、クーピーペンで色を塗る。そ
の後、はさみで雪ダルマの周りを切り取る。別の台紙に、雪ダルマ
が立つように貼る。色画用紙や折り紙を使って、好きなように飾り
つけをする。

## 行動観察

（男子）

・新聞紙１面を横長に手でちぎり、できるだけ長くセロハンテープでつなげていく。セロ
ハンテープは各グループに１つずつ配られる。
・スポンジにクレヨンで好きなものを描く。スポンジを的に見立て、ボールを投げて遊
ぶ。ボールをけってはいけない、というお約束がある。

（女子）

・牛乳パック、割りばし、緩衝材、セロハンテープなどを使って、輪投げの的を作る。で
きあがったら、グループで遊ぶ。
・風船で遊ぶ。みんなで風船を落とさないようにしてついていく。

# 運動テスト

## ケンパー

床の上にフープが置いてあり、その上をケンケンパーで進んでいく。くり返し何度も行
う。待っているときは体操座りをする。

## 保護者面接

各グループの保護者50人中25人が体育館に残り、ほかの25人は多目的ホールで待機して、終わったら入れ替わる。面接官2人と保護者1人で行う。

### 保護者

・お子さんの名前と生年月日、住所を教えてください。
・現在の幼稚園（保育園）を選んだ理由をお聞かせください。
・お子さんの長所について、お話しください。
・お子さんが幼稚園（保育園）から帰ってきて、元気がなかったらどうしますか。
・公共の場でのマナーについて、どのように教えていますか。

## 面接資料／アンケート

第一次抽選通過者のみにB5判のアンケートを実施。以下のような記入項目がある。

・本校に入学されてから留意すべきことを大事な順に2つ挙げ、それぞれに対するご家庭の対応策をお聞かせください。

# section
# 2010 お茶の水女子大学附属小学校入試問題

## ■ 選抜方法

| 第一次 | 男女とも生年月日順にＡ（４月２日～７月31日生）、Ｂ（８月１日～11月30日生）、Ｃ（12月１日～４月１日生）の３グループに分け、それぞれ抽選で各グループ50人ずつ男女各150人を選出する。当日は第二次検定手続きに必要な筆記用具と印鑑を持参する。 |

| 第二次 | 考査は１日で、第一次合格者を対象に個別テスト、集団テスト、運動テストを行う。Ａ、Ｂ、Ｃのグループ別に、ゼッケンの入っている封筒を引いて受検番号が決まる。所要時間は約３時間。子どもの考査中に保護者面接が行われる。当日は受検票のほかに、住民票、写真（出願書類に添付する）、筆記用具を持参する。 |

| 第三次 | 第二次合格者による抽選。 |

## ▌ 個別テスト

▌ 1人ずつ課題を行う。廊下でいすに座ったり、教室の後ろで絵本を読んだりしながら待つ。

### ■ 推理・思考（男子）

・てんびんの両端に同じ重さの重りがつり下げてある。片方の重りを取ると、てんびんはどうなるか答える。てんびんに触ってはいけない。
・長方形の積み木と、三角形の積み木で作られたシーソーが置いてある。片方が重くなっていて、もう片方を重くするにはどうしたらよいかを答える。

### ■ 構成・推理（女子）

・厚紙でできたパズルを完成させる。
・３つの違う大きさの封筒のうち、作ったパズルが入る大きさの封筒を選ぶ。
・丸、三角、四角などの形のものが入った封筒を外から触り、中にどんな形のものが入っているか答える。

### ■ 言　語

（男子）
・山で面白いことがありました。それは何だと思いますか。
・ボールでどんなことをして遊んだことがありますか。

（女子）

・海に行ったことはありますか。何をしましたか。

・海に行ったらイカやタコや魚がいました。あなたならどんな遊びをしますか。

# 集団テスト

## 行動観察

（男女共通）

毛布の上に寝転び、お昼寝をする。靴下は脱いで、靴の中に入れる。おしゃべりをしたり、立ち上がったりしてはいけない。

（男子）

・森へ探検に出かける。懐中電灯、ロープ、スコップ、お菓子、水筒、ひもなど、何を持っていくかを相談する。

・空き箱、段ボール箱を使って、森の中に家を作る。

（女子）

・小学校にサンタクロースが来て、プレゼントを2つ置いていった。クマのぬいぐるみ、ネックレス、ドレス、お菓子、フープの中から何を2つ置いていったか相談して決める。

・クリスマスパーティーをするために、画用紙やはさみなどを使って部屋の飾りつけをする。

## 自由遊び

ボウリング、すごろく、かるた、縄跳び、風船、汽車とレールのセット、黒ひげゲームなどの遊具が置いてあり、好きなものを選びみんなで仲よく遊ぶ。

## 集団ゲーム

（男子）

「ヨーイ、ドン」の合図で、裏返しに置かれているカードを取りに行く。カードを表に返して、描かれている絵と同じカードを持っている人を探す。

（女子）

・テスターが手をたたいた数の人数でグループを作る。2回目は、声を出さずに行うというルールが加わる。

・S字形のコースの上を双方からケンケンで進み、出会ったらジャンケンをする。勝ったらそのまま進み、相手の陣地に着いたら勝ち。

# 運動テスト

## 連続運動（男子）

指示されたラインまでスキップ→クマ歩き→コーンを回り、立ち上がる→ケンケンでスタートに戻り、次の人にタッチをする。

## 保護者面接
各グループの保護者50人中25人が体育館に残り、ほかの25人は多目的ホールで待機して、終わったら入れ替わる。面接官2人と保護者1人で行う。

### 保護者

・お子さんの名前、生年月日、住所、家族・同居者の確認をさせてください。
・ご職業についてお話しください。
・学校行事に参加は可能ですか。
・学校で席替えをして隣が嫌いな子になったとお子さんから聞いたら、ご家庭ではどのように対応しますか。
・登下校時、お子さんがけがをしてしまったらどうしますか。

## 面接資料／アンケート
第一次抽選通過者のみにB5判のアンケートを実施。以下のような記入項目がある。

・本校に入学されてから留意すべきことを大事な順に2つ挙げ、それぞれに対するご家庭の対応策をお聞かせください。

# section
# 2009　お茶の水女子大学附属小学校入試問題

## ■ 選抜方法

| 第一次 | 男女とも生年月日順にA（4月2日〜7月31日生）、B（8月1日〜11月30日生）、C（12月1日〜4月1日生）の3グループに分け、それぞれ抽選で各グループ50人ずつ男女各150人を選出する。 |

| 第二次 | 考査は1日で、第一次合格者を対象に個別テスト、集団テストを行う。A、B、Cのグループ別に、ゼッケンが入っている封筒を引いて受験番号が決まる。所要時間は約3時間。子どもの考査中に保護者面接が行われる。当日は受験票のほかに、住民票、写真、筆記用具、印鑑などを持参する。 |

| 第三次 | 第二次合格者による抽選。 |

## ▌個別テスト ▎教室でいすに座り、本を読んで待っている。

## 📖 言　語

教室でいすに座り、本を読んでいると1人ずつ指名され、質問される。
- 好きな乗り物は何ですか。それはなぜですか。
- 好きな季節はいつですか。それはなぜですか。

## 📖 常識（判断力）

テーブルの上にレインコート、かばん、お弁当箱、フォーク、スプーンが置いてある。
- 今日は晴れたので、キツネ君が遠足に行きます。では、この中でいらないと思うものを選びましょう。

## 📖 推理・思考（男子）

机の上にミニチュアの木が2本立ててある。台紙に1本の木と根元から出ている2つの影が描いてあり、そのうち正しい方の影を選ぶ。

## 📖 推理・思考（女子）

すべり台のそばで実物の積み木やバケツなどを見ながら質問に答える。
- 丸と四角と三角の積み木の中で、どの積み木が転がりますか。では、実際にやってみてください。

・バケツを転がすとどのようになりますか。

# 集団テスト

## ■ 自由遊び

魚釣りゲーム、プラレール、紙風船、風船、ボール、黒ひげゲームなどの遊具が置いてあり、好きなものを選んでみんなで仲よく遊ぶ。

## ■ 課題遊び（ジャンケン列車）

曲に合わせて室内を行進する。曲が止まったらお友達とジャンケンをして、負けた人は勝った人の肩につかまって後ろにつながる。これをくり返しながら、どんどん長い列車になっていく。

## ■ 行動観察

グループに分かれて町やお城を作る。
・空き箱で家や公園など町並みを作った後、車で遊ぶ（男子）。
・空き箱でお城を作った後、人形で遊ぶ（女子）。

# 保護者面接

講堂で行われる。各グループの保護者50人が受験番号順に座って待つ。前方に設けられた3つの面接ブースで2人の担当官との面接を行う。

### 保護者

・お子さんの名前、生年月日、住所を教えてください。
・1クラス40人学級で目が行き届かないところもありますが、どう思われますか。
・ご職業についてお話しください。
・海外生活の経験があるようですが、英語はどのくらい話せますか。また、日本語能力に問題はありませんか。

# 面接資料／アンケート

第一次抽選通過者のみにA4判のアンケートを実施。以下のような記入項目がある。

・本校にお子さんが通うことになった場合、保護者としてどのようなことに配慮されますか。

# お茶の水 女子大学 附属小学校 入試シミュレーション

# お茶の水女子大学附属小学校入試シミュレーション

**1** **数　量**

- 大きなお皿にリンゴ、スイカ、バナナがあります。3枚のお皿にそれぞれの果物を同じ数ずつ分けるとすると、いくつずつになりますか。その数だけ下の果物の絵にそれぞれ○をつけましょう。

**2** **数　量**

- 四角の中にいろいろな形のクッキーがあります。丸いクッキーは5人、長四角のクッキーは4人、三角のクッキーは3人、六角形のクッキーは6人、真四角のクッキーは4人で仲よく分けられるように線を引きましょう。

**3** **構　成**

- 上の四角の中の形をすべて使ってできるものを、下から選んで○をつけましょう。

**4** **言語・絵画（想像画）**

- 大きさの違う、面白い模様の卵があります。どんな生き物が生まれると思いますか。お話ししましょう。
- どんな生き物が生まれるか、その絵を描いてみましょう。

**5** **言語・常識（想像力）**

- 男の子がサッカーをしていたら、女の子のお家の窓ガラスを割ってしまいました。男の子は何と言っているでしょうか。また、女の子は何と言っていますか。お話ししましょう。

**6** **お話作り**

- 絵を見て、簡単なお話を作りましょう。

**7** **お話作り**

- 絵を見て、簡単なお話を作りましょう。

**8** **絵画（創造画）**

- 四角の中の形を使って、足りないところを描き足して海の中の絵を描きましょう。

**9** **絵画（創造画）**

- 公園に砂場とすべり台があります。いろいろなものを描き足して、楽しく遊んでいる絵

を描きましょう。

## 10 言語・常識

・四角の中の絵のうち、あなたがお友達にあげるとしたら何がよいですか。それはどうしてですか。お話ししましょう。
・同じ四角の中の絵のうち、あなたがお友達からもらうとしたら何がよいですか。それはどうしてですか。お話ししましょう。

## 11 常識（仲間探し）

・上と下、それぞれの四角の中で、仲間だと思うものは何ですか。また、それはどうしてですか。お話ししましょう。

## 12 推理・思考（重さ比べ）

・上の段です。リンゴとブドウで重さ比べをしたら、ブドウの方が重かったです。今のお話に合うように絵を描き足しましょう。
・真ん中の段です。イチゴ2個とミカン1個が同じ重さです。イチゴ5個よりもミカンの方が重くなるように、右の空いているところにミカンを描きましょう。ミカンはできるだけ少なく描きましょう。
・下の段です。リンゴ3個とスイカ1個が同じ重さです。リンゴの方が重くなるように、右の空いているところにリンゴを描きましょう。リンゴはできるだけ少なく描きましょう。

## 13 表現力・言語

・困っている顔、笑っている顔、泣いている顔、怒っている顔のまねをしてみましょう。
・どんなときに困っている顔、笑っている顔、泣いている顔、怒っている顔をしますか。お話ししましょう。

## 14 模　写

・上のお手本と同じになるように、下のマス目を塗りましょう。

## 15 巧緻性・絵画（創造画）

・黒い線を切って画用紙に貼り、クレヨンで絵を描き足しましょう。

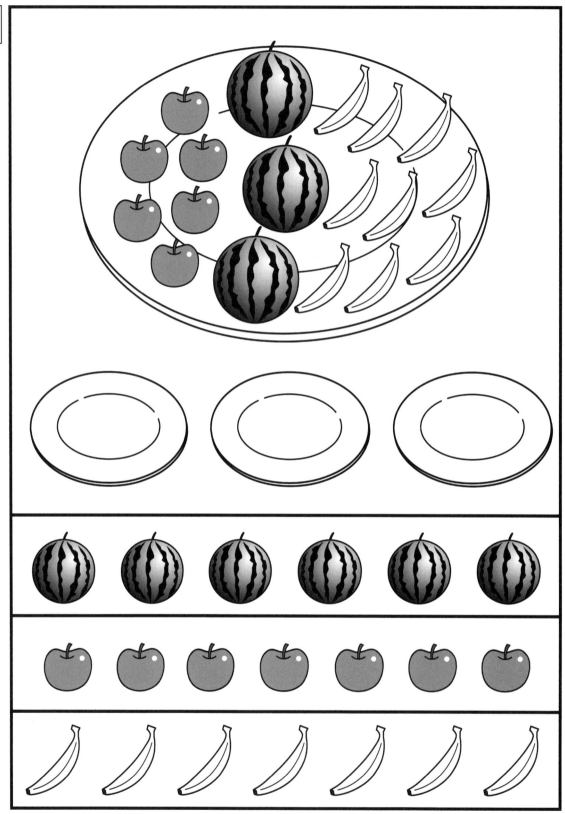

**2**

**3**

**4**

**6**

**7**

**8**

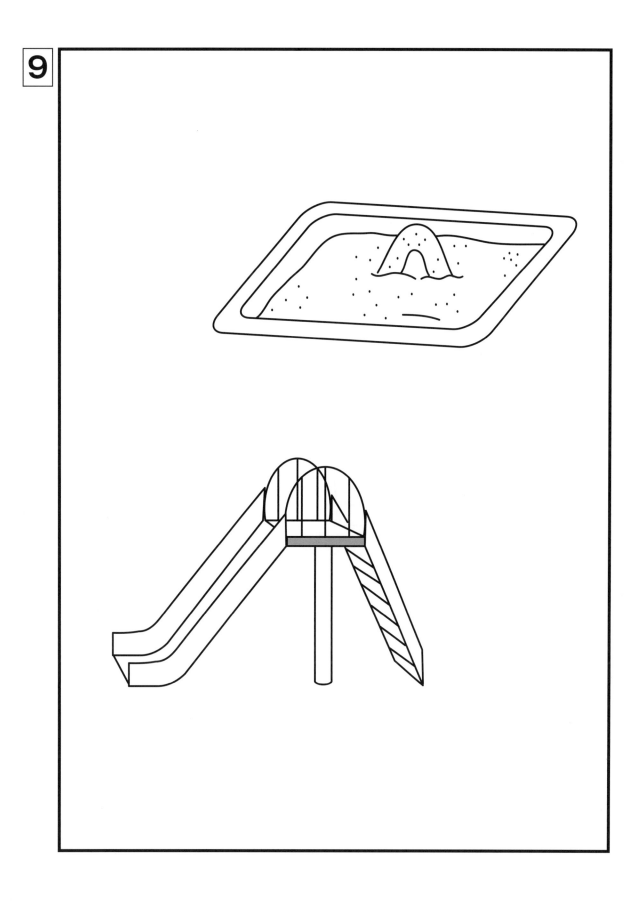

**9**

10

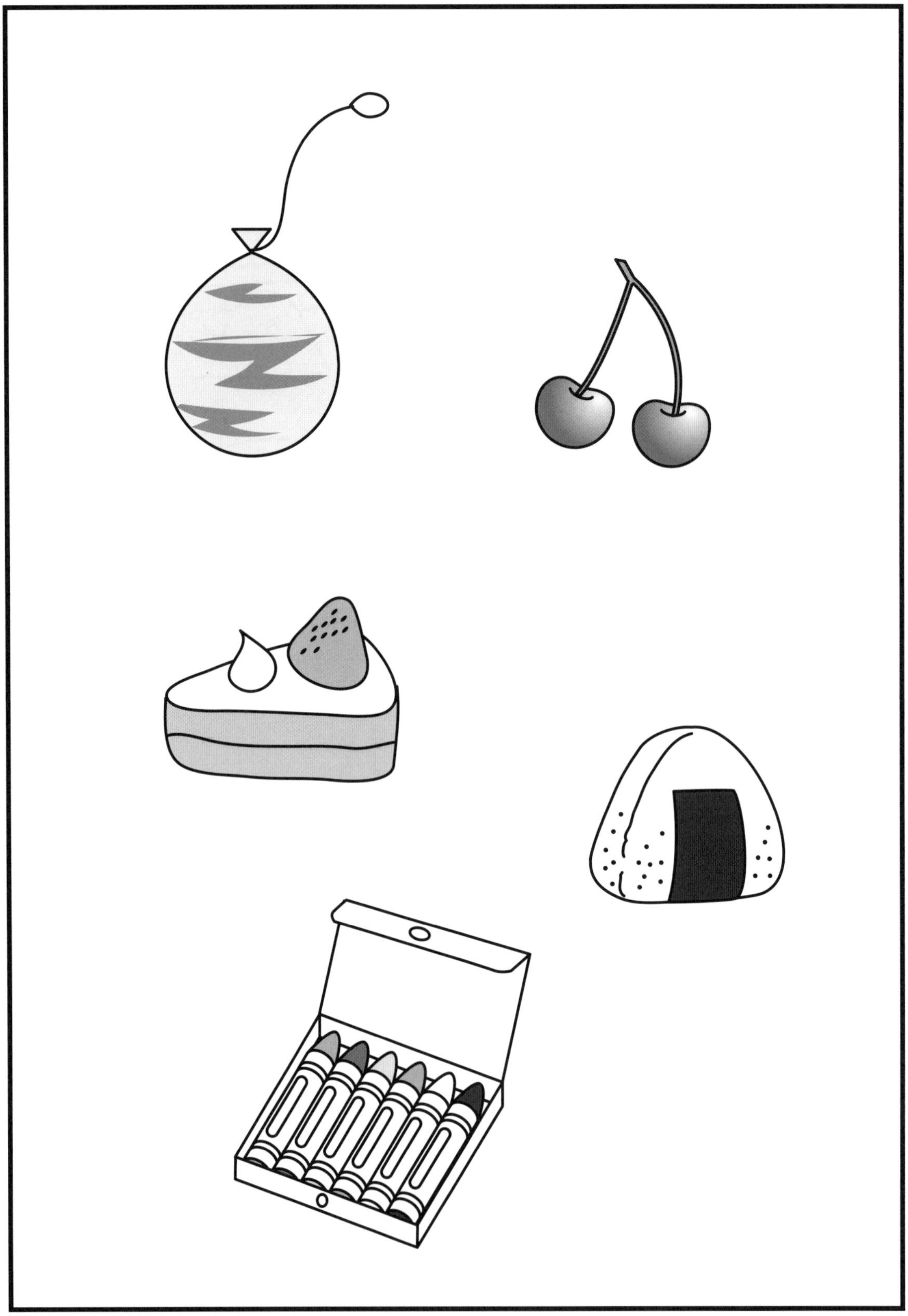

**11**

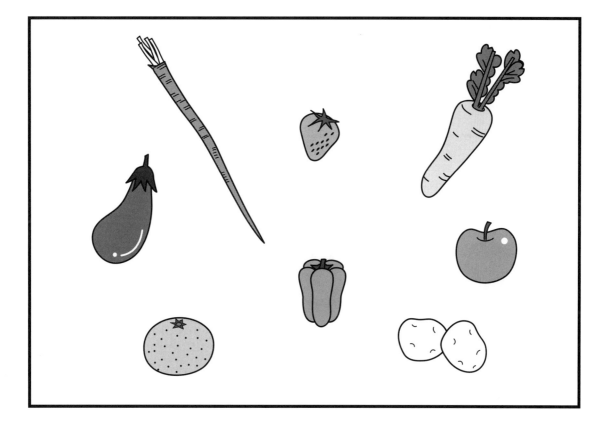

**12**

［過去問］

# 2024
## 東京学芸大学附属 竹早小学校 入試問題集

## 入試問題集

Shinga-kai

## 東京学芸大学附属竹早小学校

# 過去15年間の入試問題分析
# 出題傾向とその対策

## 2023年傾向

今年度も第一次で抽選、第二次で集団テストと親子面接、親子課題、第三次で抽選が行われました。集団テストでは、約5人グループで大きな机の周りに着席し、お友達との協力が必要な2つの課題に取り組みました。また、平均台やフープの飛び石を渡る連続運動なども行われました。保護者への面接は、当日考査中に記入したアンケートを基に質問されました。親子課題は、絵カードを使ったお話作りを行いました。

## 傾　向

東京学芸大学附属竹早小学校の入試では、第二次選抜の調査番号が受付順で決まります。集団テストは2020年度まで、広い会場に玉入れや平均台、テーブルホッケー、魚釣り、ボウリングなどの遊びのコーナーが設置され、遊び方の説明を聞いた後に好きなところで遊びました。遊びには子どもの個性や集中力、工夫や発想力、お友達への配慮など、さまざまな発達度が表れます。考査中はどのコーナーに行ってもよく、1つのコーナーに長くとどまることも問題はありませんが、落ち着きなくうろうろしたり積極的に活動する様子が見えなかったりすると、ややマイナスの印象を与えてしまいます。過去には遊び方の説明をする際に「このコーナーの平均台は壊れているので使わないでください」といった指示が出されたこともありました。そう言われても「使ってみたい」と思うのが幼児の心理なので、お約束は必ず守るなど、こうした状況にも対応できるようにしておきましょう。また、遊具の独り占めは、自立心や年齢相応の社会性といった観点での評価を低くします。日ごろから子ども同士で遊ぶ機会を増やし、お友達への声のかけ方やものの扱い方などにも目を配っておきましょう。2021年度からはコロナ禍もあり、5〜6人のグループでゲームや積み木などが行われています。形式が変わっても、遊びを通した評価の観点は同じです。集団テストの間にお友達やテスターとやりとりをすることもあるので、いろいろな受け答えができるとよいでしょう。答えるときは単語で話すよりも文章の形で話す方が望ましいですが、長い時間考え込まないことも大切です。親子面接の親子課題では、相談しながら一緒にお話を作ったり、子

どもが先にテスターから聞いた遊び方を親に伝えて、一緒にリズム遊びやゲームなどを行ったりしています。いずれも、子どもの言語理解力や運動能力とともに、親子のかかわりやどのような家庭かを見ているといえます。

## 対　策

東京学芸大学附属竹早小学校のような行動観察重視の入試では、いかに早く集団にとけ込んで活動するか、初対面のお友達やテスターが相手でも臆することなく交流できるかがポイントとなります。日ごろから意識して新しい環境にふれたり、いろいろなお友達と遊ぶ機会を設けたり、新しいことにチャレンジしたりして経験を増やしておくことが大切です。また、自由遊びでも、ルールのあるゲームなどの活動でも、けじめをつけて行動することが重要です。お家でも遊びの時間を区切る、片づけをしてからほかのおもちゃを使うなど、けじめのある生活態度を心掛けましょう。自由遊びの課題で遊ぶものの選択は「好きなこと」という基準で問題はありませんが、ある程度の時間同じ遊びに集中し、周りのお友達と仲よく遊ぶことが合格に結びつくでしょう。なお、遊具を独り占めしたりジャンケンで後出しをしたりする身勝手な行動は要注意です。積極的に取り組みながらも状況に応じて我慢するなど、年齢相応の判断ができるようにしてください。行動観察では、お子さんの「いつもの様子」がそのまま出てしまうものです。少々わがままが過ぎる、自分勝手な言動が多い、自分の思い通りにならないとすねてしまう、すぐ飽きてしまって何事も長続きしない、といった傾向のあるお子さんは年齢相応の成長を促し、自立心を高めておく必要があります。また反対に、緊張のあまり「いつもの元気が全く出ない」という状態に陥ってしまうケースもあります。新しい集団や初対面の人と接することが苦手なお子さんは、緊張しないで入試に臨めるかどうかが大きなポイントとなります。なるべく多くのことに挑戦させ、自信をつけていくことが必要です。初めての場で初対面の人とどう接すればよいのか、適切なアドバイスをしながら勇気づけ、少しでも自信がつくようどんどんほめてあげるとよいでしょう。新しい集団にスムーズに対応するには、きちんとしたあいさつと会話が基本です。特に難しいことではなく、お買い物の際にお店の人とのやりとりをさせたり、集団での遊びの機会を増やしたりして人とのかかわりに慣れさせていくことが、コミュニケーション能力を高める一番の近道になります。ご家庭でも日ごろから幼稚園（保育園）での出来事や、そのときの自分の気持ちなどについて積極的に親子で会話するよう努めてください。面接では、自分の経験や気持ちを素直にお話しできるようにしておきましょう。また、親子課題では、日ごろの信頼関係やかかわり方がそのまま表れます。親子で一緒に、子どもが今一番好きなことや園生活のことなどをテーマにしたお話作り、身体表現、連想ゲームを行うなど、楽しみながら準備を進めるとよいでしょう。2021年度以降は、集団テスト内で運動が行われています。平均台や両足跳び、ケンケンなどの運動の機会も増やし、就学児にふさわしい体力をつけておきましょう。

# 年度別入試問題分析表

【東京学芸大学附属竹早小学校】

| | 2023 | 2022 | 2021 | 2020 | 2019 | 2018 | 2017 | 2016 | 2015 | 2014 |
|---|---|---|---|---|---|---|---|---|---|---|
| **ペーパーテスト** | | | | | | | | | | |
| 話 | | | | | | | | | | |
| 数量 | | | | | | | | | | |
| 観察力 | | | | | | | | | | |
| 言語 | | | | | | | | | | |
| 推理・思考 | | | | | | | | | | |
| 構成力 | | | | | | | | | | |
| 記憶 | | | | | | | | | | |
| 常識 | | | | | | | | | | |
| 位置・置換 | | | | | | | | | | |
| 模写 | | | | | | | | | | |
| 巧緻性 | | | | | | | | | | |
| 絵画・表現 | | | | | | | | | | |
| 系列完成 | | | | | | | | | | |
| **個別テスト** | | | | | | | | | | |
| 話 | | | | | | | | | | |
| 数量 | | | | | | | | | | |
| 観察力 | | | | | | | | | | |
| 言語 | | | | | | | | | | |
| 推理・思考 | | | | | | | | | | |
| 構成力 | | | | | | | | | | |
| 記憶 | | | | | | | | | | |
| 常識 | | | | | | | | | | |
| 位置・置換 | | | | | | | | | | |
| 巧緻性 | | | | | | | | | | |
| 絵画・表現 | | | | | | | | | | |
| 系列完成 | | | | | | | | | | |
| 制作 | | | | | | | | | | |
| 行動観察 | | | | | | | | | | |
| 生活習慣 | | | | | | | | | | |
| **集団テスト** | | | | | | | | | | |
| 話 | | | | | | | | | | |
| 観察力 | | | | | | | | | | |
| 言語 | | | | | | | | | | |
| 常識 | | | | | | | | | | |
| 巧緻性 | | | | | | | | | | |
| 絵画・表現 | | | | | | | | | | |
| 制作 | | | | | | | | | | |
| 行動観察 | ○ | ○ | ○ | ○ | ○ | ○ | ○ | ○ | ○ | ○ |
| 課題・自由遊び | | | | ○ | ○ | ○ | ○ | ○ | ○ | ○ |
| 運動・ゲーム | ○ | ○ | ○ | | | | | | | |
| 生活習慣 | | | | | | | | | | |
| **運動テスト** | | | | | | | | | | |
| 基礎運動 | | | | | | | | | | |
| 指示行動 | | | | | | | | | | |
| 模倣体操 | | | | | | | | | | |
| リズム運動 | | | | | | | | | | |
| ボール運動 | | | | | | | | | | |
| 跳躍運動 | | | | | | | | | | |
| バランス運動 | | | | | | | | | | |
| 連続運動 | | | | | | | | | | |
| **面接** | | | | | | | | | | |
| 親子面接 | ○ | ○ | ○ | ○ | ○ | ○ | ○ | ○ | ○ | ○ |
| 保護者(両親)面接 | | | | | | | | | | |
| 本人面接 | | | | | | | | | | |

※この表の入試データは10年分のみとなっています。　　　　　　　　　　※伸芽会教育研究所調査データ

# 小学校受験Check Sheet

　お子さんの受験を控えて、何かと不安を抱える保護者も多いかと思います。受験対策はしっかりやっていても、すべてをクリアしているとは思えないのが実状ではないでしょうか。そこで、このチェックシートをご用意しました。1つずつチェックをしながら、受験に向かっていってください。

## ✳ ペーパーテスト編

①お子さんは長い時間座っていることができますか。

②お子さんは長い話を根気よく聞くことができますか。

③お子さんはスムーズにプリントをめくったり、印をつけたりできますか。

④お子さんは机の上を散らかさずに作業ができますか。

## ✳ 個別テスト編

①お子さんは長時間立っていることができますか。

②お子さんはハキハキと大きい声で話せますか。

③お子さんは初対面の大人と話せますか。

④お子さんは自信を持ってテキパキと作業ができますか。

## ✳ 絵画、制作編

①お子さんは絵を描くのが好きですか。

②お家にお子さんの絵を飾っていますか。

③お子さんははさみやセロハンテープなどを使いこなせますか。

④お子さんはお家で空き箱や牛乳パックなどで制作をしたことがありますか。

## ✳ 行動観察編

①お子さんは初めて会ったお友達と話せますか。

②お子さんは集団の中でほかの子とかかわって遊べますか。

③お子さんは何もおもちゃがない状況で遊べますか。

④お子さんは順番を守れますか。

## ✳ 運動テスト編

①お子さんは運動をするときに意欲的ですか。

②お子さんは長い距離を歩いたことがありますか。

③お子さんはリズム感がありますか。

④お子さんはボール遊びが好きですか。

## ✳ 面接対策・子ども編

①お子さんは、ある程度の時間、きちんと座っていられますか。

②お子さんは返事が素直にできますか。

③お子さんはお父さま、お母さまと3人で行動することに慣れていますか。

④お子さんは単語でなく、文で話せますか。

## ✳ 面接対策・保護者（両親）編

①最近、ご家族での楽しい思い出がありますか。

②ご両親の教育方針は一致していますか。

③お父さまは、お子さんのお家での生活や幼稚園・保育園での生活をどれくらいご存じですか。

④最近タイムリーな話題、または昨今の子どもを取り巻く環境についてご両親で話をしていますか。

# 2023 東京学芸大学附属竹早小学校入試問題

## ■ 選抜方法

| 第一次 | 抽選で男女約200人ずつ選出する。 |

| 第二次 | 第一次合格者を対象に、男女別に約15人単位で集団テスト（15〜20分）、親子面接、親子課題（合わせて5〜10分）を行う。 |

| 第三次 | 第二次合格者による抽選。 |

## ■ 集団テスト

調査番号が記載された調査票を名札ケースに入れ、左胸に安全ピンで留める。

### 1 行動観察

丸い机の周りに約5人ずつ座って遊ぶ。

（男女共通）
・1人1つずつ順番に、丸いものの名前を言っていく。

（男子）
・スポンジタワー作り…机の上に、子どもの手のひらほどのサイズでいろいろな形のスポンジがたくさん用意されている。グループで協力して、スポンジを高く積んでいく。最初はテスターと一緒に行い、次からは子どもだけで行う。「始め」「やめ」の合図に従い、途中で崩れてしまったらやり直してよい。
・町作り…グループで協力し、机の上の積み木を使って自由に町を作る。

（女子）
・ボール回し…ゴムボールを机の上で転がして隣の子に回す。受け取ったら同じように転がして次の子に回し、これをくり返してゴムボールを机の上で1周させる。最初はテスターと一緒に行い、次からは子どもだけで行う。「始め」「やめ」の合図に従い、途中で落としてしまったらやり直してよい。
・動物園作り…グループで協力し、机の上の積み木を使って自由に動物園を作る。

### 2 運 動

テスターの後について行く。

・平均台を渡る→左右に置かれたフープの中を、飛び石渡りの要領で片足跳びで交互に踏んで進む→マットの上で片足バランスをする。

## 模倣体操

・ひざの屈伸をする。

・その場でケンケンをする。

・テスターの号令に合わせ、その場で前後左右にジャンプをする。

・胸の前で右ひじを曲げ、左ひざを上げて右ひじとつける→気をつけの姿勢をとる→胸の前で左ひじを曲げ、右ひざを上げて左ひじとつける→気をつけの姿勢をとる。これをくり返す。

# 親 子 面 接 | 親子分かれて面接を行い、終了後親子課題を行う。

## 本 人

マスクを外して行う。

・お名前を教えてください。

・今日は誰とどうやって来ましたか。

・好きな遊びは何ですか。

## 保護者

考査当日に記入するアンケートの内容に基づき質問される。

（男子）

・お子さんが約束を守らなかったことはありますか。そのとき、どのように対応されましましたか。

（女子）

・お子さんが苦手な食べ物に対して、どのように工夫や声掛けをしていますか。

## 3 親子課題（お話作り）

子どもの机の上に、絵カードが並べてある。サッカーボール、けんかをしている子ども、仲よく話している子ども、公園、森、海、お弁当など、親子によって絵カードは異なる。

・子どもは先に好きな絵カードを4枚選び、お話を作ってテスターにお話しする。

・保護者は面接終了後、子どもの机に移動する。残りの絵カードを使って、先に子どもが

作ったお話の続きを親子で作る。

・お話の順番に絵カードを1列に並べてすべて裏返し、養生テープで貼ってつなぐ。

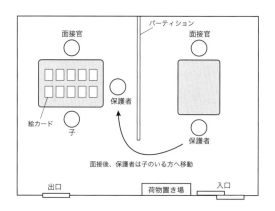

## 面接資料／アンケート ┃ 考査当日に記入する。

（男子）
・受験番号。
・志願者氏名。
・同伴者の氏名と続柄。
・家でしている約束事は何か（3つ）。
・その約束事を守れなかったとき、親としてどのように対応しているか。また、どのように かかわっていきたいか。

（女子）
・受験番号。
・志願者氏名。
・同伴者の氏名と続柄。
・子どもの苦手な食べ物は何か（3つ）。
・その食べ物に対してどのように対応しているか。

**1**

【スポンジタワー作り】

いろいろな形の
スポンジ

【町作り】

【ボール回し】

ゴムボール

【動物園作り】

**2**

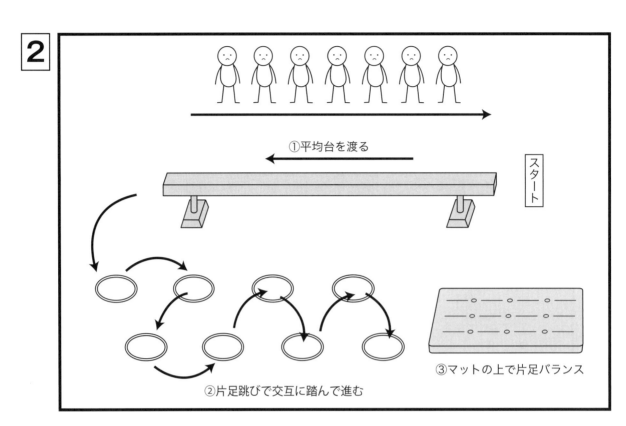

①平均台を渡る

スタート

②片足跳びで交互に踏んで進む

③マットの上で片足バランス

**3**

〈絵カードの例〉

# section
# 2022 東京学芸大学附属竹早小学校入試問題

## ■ 選抜方法

| 第一次 | 抽選で男女約200人ずつ選出する。 |

| 第二次 | 第一次合格者を対象に、男女別に約15人単位で集団テスト（15〜20分）、親子面接、親子課題（合わせて5〜10分）を行う。 |

| 第三次 | 第二次合格者による抽選。 |

## ■ 集団テスト

左胸に調査番号の入った調査票の上下2ヵ所を安全ピンで留める。

### 1 行動観察

丸い机の周りに6人ずつ座って遊ぶ。

（男女共通）

・しりとり…テスターが最初の言葉を言った後、みんなで順番にしりとりをする。

（男子）

・宝石渡し…1人1本ずつプラスチック製のスプーンが配られ、宝石に見立てたビーズをスプーンで隣の子に渡していく。最初の子は、机の中央の箱に入った宝石をスプーンですくい出してから隣の子のスプーンに載せ、最後の子は空の箱に宝石を入れる。宝石を渡すときに手で触らない、いすから立たないというお約束がある。宝石が落ちたら、テスターが拾って落とした子のスプーンに載せてくれる。

・にょろにょろヘビ作り…机の中央に、目と舌をつけてヘビの頭に見立てた六角形のパターンブロックが1個置かれている。グループで協力し、1人1個ずつ順番にヘビの頭にパターンブロックをつなげて置いていき、ヘビの体を作る。終了の合図があるまで、できるだけ長くなるようにつなげる。

（女子）

・ボール渡し…1人1枚ずつカッターマットを持ち、1列に並ぶ。カッターマットに載せたドッジボールを、手でふれずに隣の子のカッターマットに渡していく。ボールが落ちたら、テスターが拾ってカッターマットに載せてくれる。

・積み木…グループで協力し、カプラを1人ずつ順番に机の中央に積んでいき、できるだけ高くなるようにする。崩れたらやり直す。

## 2 運　動

平均台を渡る→六角形のマットの上を両足跳びで進む→1列に並んで待つ。

### 模倣体操

テスターと一緒に以下の体操を行った後、同じ動きを「アンパンマンのマーチ」に合わせて行う。
・ひざの屈伸をする。
・その場でケンケンをする。
・胸の前で右ひじを曲げ、左ひざを上げて右ひじとつける→気をつけの姿勢をとる→胸の前で左ひじを曲げ、右ひざを上げて左ひじとつける→気をつけの姿勢をとる。これをくり返す。

## 親 子 面 接

### 本 人

マスクを外して行う。
・お名前を教えてください。
・今日は誰とどうやって来ましたか。
・好きな遊びは何ですか。
・お母さんとは何をして遊ぶのが好きですか。
・学校に入ったら何をして遊びたいですか。
・お休みの日のお出かけ先で、一番好きなところはどこですか。それはどうしてですか。

### 保護者

考査当日に記入するアンケートの内容に基づき質問される。

（男子）
・お子さんが取り組んでいる活動に、親としてどのようにかかわっていますか。
・お子さんが何かに取り組むときに、どのような声掛けをしますか。

（女子）
・お手伝いを促すとき、どのような声掛けをしますか。

・お手伝いの後、お子さんにどのような対応をしますか。

### 3 親子課題

先に子どものみ課題の説明を受ける。その後保護者が移動し、子どもが課題のやり方などを説明してから親子で行う。筆記用具は黒のクレヨンを使用。

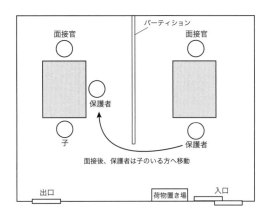

（男子）

### A 仲間探し

上の絵と下の絵で、仲間同士だと思うものの点と点を線で結ぶ。ただし、1つのものは1つのものとしか線で結べない。また、余るものがあってもよい。

（女子）

### B 共同絵画

公園の遊具が描かれた台紙に、親子で描き足して楽しい絵になるように仕上げる（台紙はほかに、サル、ゾウなど動物が描かれたものなど、時間帯によって異なる）。

## 面接資料／アンケート 　考査当日に記入する。

（男子）
・同伴者の氏名と続柄。
・本人が自ら進んで取り組んでいる活動は何か。
・親に促されて取り組んでいる活動は何か。

（女子）
・同伴者の氏名と続柄。
・本人が自ら進んで行うお手伝いは何か。
・親に促されて行うお手伝いは何か。

**1**

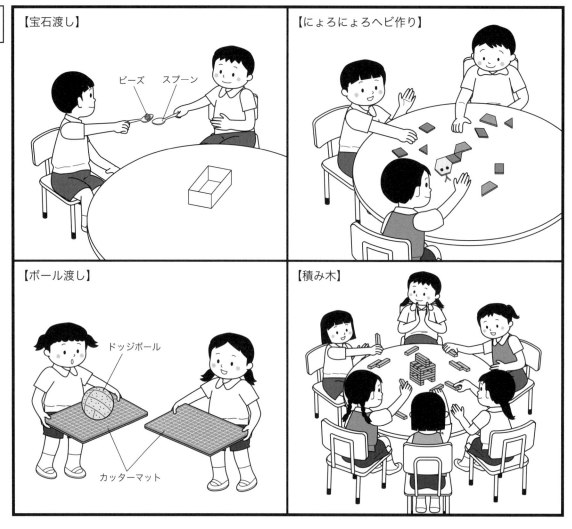

【宝石渡し】 ビーズ スプーン

【にょろにょろヘビ作り】

【ボール渡し】 ドッジボール カッターマット

【積み木】

**2**

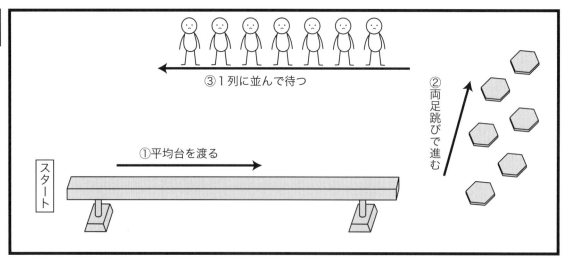

③1列に並んで待つ

①平均台を渡る

②両足跳びで進む

スタート

**3-A**

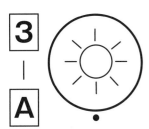   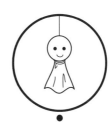 

**B** 〈台紙例〉

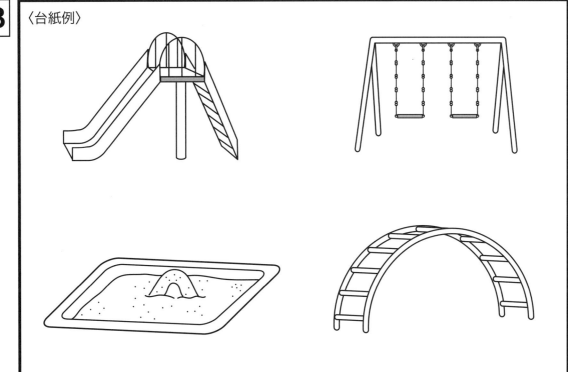

# 2021 東京学芸大学附属竹早小学校入試問題

## ■ 選抜方法

| 第一次 | 抽選で男女約200人ずつ選出する。 |
| 第二次 | 第一次合格者を対象に、男女別に約15人単位で集団テスト（15〜20分）、親子面接、親子課題（合わせて5〜10分）を行う。 |
| 第三次 | 第二次合格者による抽選。 |

## ■ 集団テスト ┃ 左胸に調査番号の入った調査票の上下2ヵ所を安全ピンで留める。

### 1 行動観察

丸い机の周りに6人ずつ座って遊ぶ。

（男子）

・玉積み…グループで協力し、机の中央に置かれた紙皿の上に、周りに置かれている玉入れ用の玉を積んでいく。崩れたらまた初めから積み直す。

・ビーズ渡し…1人1本ずつスプーンが配られる。青いビーズがグループに1個用意され、テスターが最初の子のスプーンにビーズを載せる。時計回りに隣の子のスプーンにビーズを移していく。ビーズが落ちたら、テスターが拾って落とした子のスプーンに載せてくれる。

（女子）

・積み木…グループで協力し、机の上の積み木を1人ずつ順番に中央に積んでいく。積む順番はテスターが決める。

・モール渡し…1人1本ずつアイスの棒が配られる。グループに1つモールで作った輪が配られ、最初の子の棒にモールを通す。時計回りに、手を使わずに隣の子の棒にモールをかけながら渡していく。

・しりとり…みんなで順番にしりとりをする。

### ◤ 模倣体操

しゃがんだ体勢から、両手を上げながら立つ。

### 2 運 動

平均台を渡る→丸いマットの上を両足跳びで進む→四角いマットの上を歩いて進んだら、端から順にマットの上に立って待つ。

## 親 子 面 接

### 本 人

・お名前を教えてください。
・今日は誰と来ましたか。
・お出かけするとしたらどこに行きたいですか。

### 保護者

・学校案内はお読みになりましたか。
・お子さんは最近、どこに行きたいと言っていますか。

3 親子課題

先に子どものみ課題の説明を受ける。その後保護者が移動し、子どもが課題のやり方などを説明してから親子で行う。

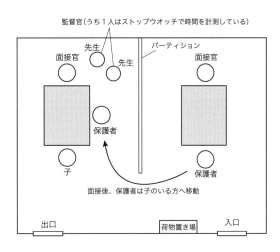

（男子）
### A お話作り
2つの絵を見て、続きのクエスチョンマークのところはどのような場面になるか考え、親子で話し合ってお話を作る。

（女子）
### B ジャンケン遊び

3×3のマス目、赤と青のクーピーペンが用意されている。子どもは赤のクーピーペン、保護者は青のクーピーペンを使用する。親子でジャンケンをし、勝った方が好きな場所に○をかいていき、最後に自分のかいた○が多い方が勝ち。あらかじめ、子どもは無地のマス目でテスターからやり方の説明を受け、一緒に遊んでいる。親子で行うときは、3種類のマス目が用意されており、好きなマス目を使ってよい（絵のあるマス目も、その上に○をかいてよい）。

**1**

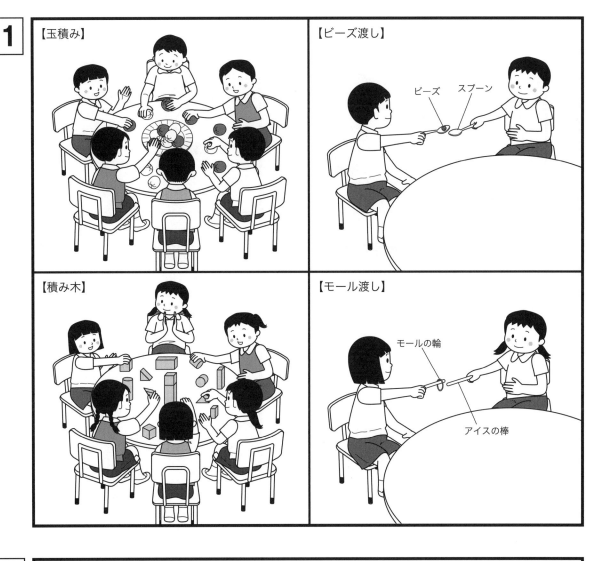

**2**

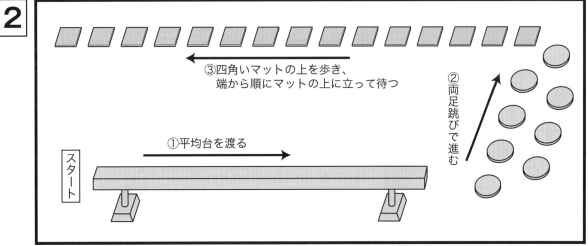

**3**
**–**
**A**

**B**

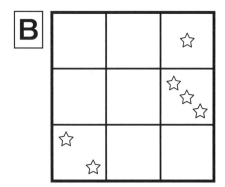

# section 2020 東京学芸大学附属竹早小学校入試問題

## ■ 選抜方法

| 第一次 | 抽選で男女約350人ずつ選出する。 |

| 第二次 | 第一次合格者を対象に、男女別に約25人単位で集団テスト（30〜40分）、親子面接、親子課題（合わせて5〜10分）を行う。 |

| 第三次 | 第二次合格者による抽選。 |

## ▌ 集団テスト ▌ グループごとに色分けされたゼッケンを自分でつける。

## ■ 行動観察

全員で輪になって手をつなぐ。「あぶくたった」を歌いながら、指示に従って右や左に回る。

### 1 行動観察・自由遊び

各コーナーの遊び方の説明を聞き、自由に遊ぶ。遊びを変えるときは、片づけてから次の遊びをするというお約束がある。

- ・ドンジャンケンのコーナー…飛び石状に並べられた円形のマットを渡りながらドンジャンケンをして遊ぶ。
- ・大型積み木のコーナー…大型のソフト積み木を積んで遊ぶ。
- ・的当てのコーナー…台の上下に並べられたペットボトルに玉入れ用の玉を当てて遊ぶ。
- ・町作りのコーナー…町の絵が描かれたじゅうたんが敷かれている。その上に積み木を並べたり積んだりして町を作って遊ぶ。

## ▌ 親 子 面 接 ▌ 親と子に分かれて面接を同時進行で行い、終了後、親子課題を行う。

### 本 人

- ・お名前と年齢を教えてください。
- ・今日は誰と来ましたか。
- ・好きな遊びは何ですか。
- ・お父さん、お母さんと一緒に、外のお店屋さんにごはんを食べに行ったことはありますか。

・お買い物のときに、やってはいけないことは何ですか。

**保護者**

・学校案内はお読みになりましたか。
・本校は子どもの点数評価をしていませんが、そのことについてどう思いますか。
・お子さんはどのような遊びを好みますか。
・お子さんは、幼稚園（保育園）では仲のよいお友達とどのように過ごしていますか。
・幼稚園（保育園）でのお子さんの様子を、どのように聞いていますか。
・さまざまな地域から通学してくる子どもが下校後にお友達と遊べないことについて、どのように考えますか。
・本校は教育実習校のため、さまざまな教師が授業をします。そのことについてはどのように思いますか。

### 2 親子課題

先に子どものみ課題の説明を受ける。その後保護者が移動し、子どもが課題のやり方などを説明してから親子で行う。

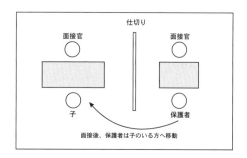

（男子）
#### A生き物当てゲーム

ヘビ、カバ、ブタ、ゾウ、ウマ、フクロウ、カエルなどが描かれた絵カード、おはじきが4つ用意されている。絵カードを裏返しにして親か子のどちらかが1枚を引き、そこに描かれた生き物について相手にヒントを2つ出す（またはジェスチャーで表現する）。ヒントを出された方は、その生き物を当てる。当たったらおはじきを1つもらえる。

（女子A）
#### B課題遊び

発泡スチロール製のブロック、樹脂製で直径2cm、長さ30cmほどの軟らかい筒、鉛筆くらいの太さで長さ1mほどの紅白しま模様のひもが用意されている。それらを使って親子で遊ぶ。

（女子B）

C課題遊び

おはじきと紙吹雪が入ったペットボトル、ハンカチが用意されている。それらを使って親子で遊ぶ。

**1**

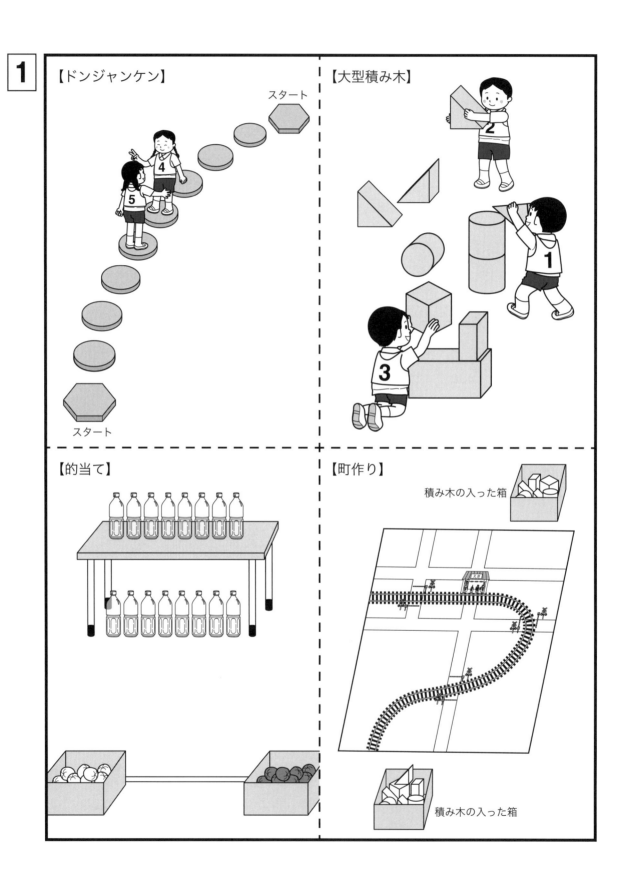

【ドンジャンケン】

スタート

スタート

【大型積み木】

【的当て】

【町作り】

積み木の入った箱

積み木の入った箱

## 2 ―A

**【生き物当てゲーム】男子**

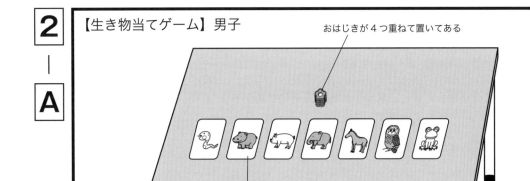

おはじきが4つ重ねて置いてある

生き物が描かれたトランプ大の絵カードがある。
裏返した後、どちらかが1枚引く

## B

**【課題遊び】女子A**

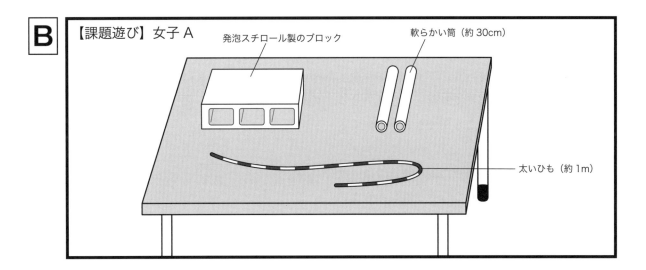

発泡スチロール製のブロック

軟らかい筒(約30cm)

太いひも(約1m)

## C

**【課題遊び】女子B**

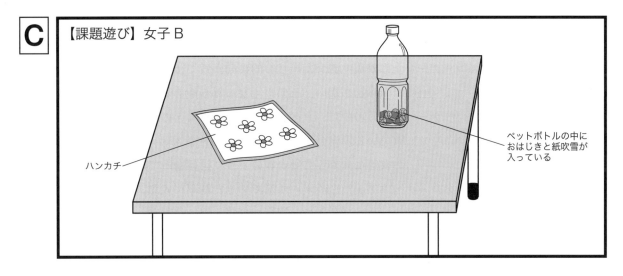

ハンカチ

ペットボトルの中に
おはじきと紙吹雪が
入っている

## 選抜方法

| 第一次 | 抽選で男女約350人ずつ選出する。 |

第二次　第一次合格者を対象に、男女別に約25人単位で集団テスト（30～40分）、親子面接、親子課題（合わせて5～10分）を行う。

第三次　第二次合格者による抽選。

## 集団テスト

グループごとに色分けされたゼッケンを自分でつける。

### 1 行動観察

5人1組で行う。下半分を切り取ったペットボトルを逆さまに立てる。その上に黄色い皿を置き、布でできた玉を5個載せる。グループで協力して、どうすればペットボトルを倒さずに置くことができるか工夫する。

〈約束〉

・お友達が載せた玉に触ってはいけない。

・途中で崩れたらやり直してもよい。

・「始め」と「やめ」の合図を守る。

### 2 行動観察・自由遊び

各コーナーの遊び方の説明を聞き、自由に遊ぶ。遊びを変えるときは、片づけてから次の遊びをするというお約束がある。

・玉入れのコーナー…上部が広く開いた箱状の的に向かって玉を投げ上げる。入らなかった玉は拾わない、玉がなくなったらやめるというお約束がある。

・雪合戦のコーナー…床の円の中に、カメ、ウサギ、ゾウなどの形をしたスポンジが置かれている。自分が選んだ円の中にあるスポンジの動物をほかの円のお友達に向かって雪合戦のように投げ合って遊ぶ。

・電車ごっこのコーナー（男子）…段ボール箱でできた電車に入り、次の駅まで進む。

・お店屋さんごっこのコーナー（女子）…模擬の食材や買い物カゴ、レジ袋などを使ってお店屋さんごっこをして遊ぶ。

・平均台のコーナー…平均台でドンジャンケンをして遊ぶ。

・積み木のコーナー…ソフト積み木で遊ぶ。

・おままごとのコーナー…お皿やフォーク、スプーン、模擬の食材を使って、バーベキューごっこをして遊ぶ。

## 親 子 面 接 | 親と子に分かれて面接を同時進行で行い、終了後、親子課題を行う。

### 本 人

・お名前を教えてください。
・お母さんと何をして遊ぶのが好きですか。

### 保護者

・学校案内はお読みになりましたか。どのように思われましたか。
・学校のデメリットを踏まえたうえで入学を希望されていますか。
・この考査の後、お子さんは何をしたいと言うと思いますか。
・お子さんの好きな遊びを知っていますか。
・最近、お子さんと接していて驚いたことはありますか。
・お子さんの将来の夢を知っていますか。
・お子さんの将来にどんなことを期待していますか。

### ③ 親子課題

先に子どものみ課題の説明を受ける。その後保護者が移動し、子どもが課題のやり方などを説明してから親子で行う。

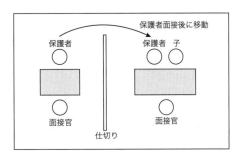

**お話作り**

子どもが先に絵を見てお話を作っているので、保護者は子どもが作ったお話を聞く。その後、親子で相談し、お話の続きを作る。
（例）イヌが鉄棒で遊んでいる絵とイヌが泣いている絵

**1**

ペットボトルの下半分を
カットし逆さまに立てたもの

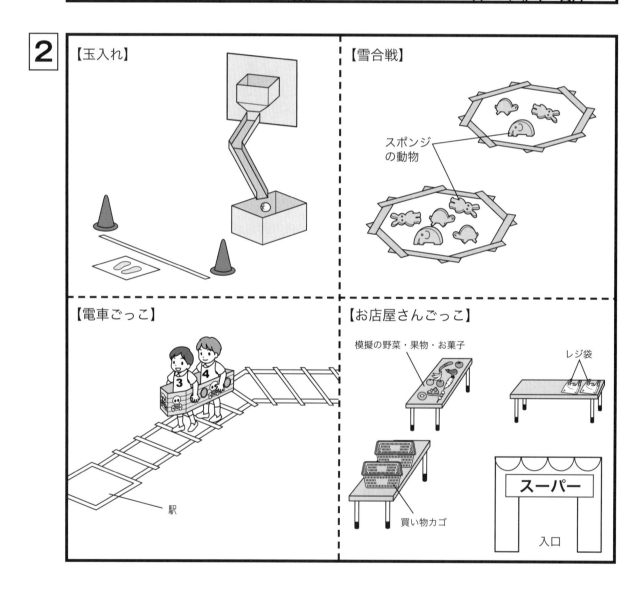

**2**

【玉入れ】

【雪合戦】

スポンジ
の動物

【電車ごっこ】

駅

【お店屋さんごっこ】

模擬の野菜・果物・お菓子

レジ袋

買い物カゴ

スーパー

入口

**3**

# section
# 2018 東京学芸大学附属竹早小学校入試問題

## ■ 選抜方法

| 第一次 | 抽選で男女約350人ずつ選出する。 |

| 第二次 | 第一次合格者を対象に、男女別に約25人単位で集団テスト（30〜40分）、親子面接、親子課題（合わせて5〜10分）を行う。 |

| 第三次 | 第二次合格者による抽選。 |

## ■ 集団テスト

4、5人1組で行う。グループごとに色分けされたゼッケンを自分でつける。

## ■ 行動観察

グループで協力し、段ボール箱にかいてある線の上に、用意されている筒を並べていく。「始め」「やめ」の合図を守るというお約束がある。

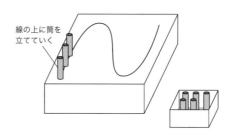

線の上に筒を立てていく

## 1 行動観察・自由遊び

各コーナーの遊び方の説明を聞き、自由に遊ぶ。遊びを変えるときは、片づけてから次の遊びをするというお約束がある。

・紙相撲のコーナー…紙相撲の土俵が複数用意されている。紙でできている動物を使って2人で遊ぶ。

・玉入れのコーナー…水辺に見立てたブルーシートの上に、口を大きく開けた段ボール箱でできた親子のカバの顔がある。カバの口の中に、リンゴ形のボールを投げ入れて遊ぶ。床にかかれた四角の中からボールを投げる、ブルーシートに乗らない、お友達の後ろから投げないというお約束がある。

・おままごとのコーナー…じゅうたんの上に靴を脱いで上がり、おもちゃの包丁、お皿、フォーク、スプーン、模擬の食材を使って、バーベキューごっ

こなどをして遊ぶ。

・魚釣りのコーナー…池に見立てたブルーシートの上に、魚のおもちゃがたくさん用意されている。釣りざおの糸の先についたフックを魚の口の輪に引っかけて釣って遊ぶ。ブルーシートに乗らないというお約束がある。

・的当てのコーナー…木になっている（Ｓ字フックにかけられている）模擬のリンゴやミカンにボールを当てて遊ぶ。当たるとその果物をもらうことができる。

・海賊船のコーナー…段ボール箱でできた海賊船に２人で乗り、岩の間を通って島から島へ渡って遊ぶ。

・平均台のコーナー…平均台を渡って遊ぶ。

## 親子面接

親と子に分かれて面接を同時進行で行い、終了後、親子課題を行う。

### 本人

・今日は誰と来ましたか。
・お名前を教えてください。
・大きくなったら何になりたいですか。

### 保護者

・学校案内はお読みになりましたか。どのように思われましたか。
・研究機関としての使命があると知ったうえで、なぜ本校を志望されたのですか。
・お子さんの将来の夢を知っていますか。
・お子さんの将来にどんなことを期待していますか。

### 2 親子課題

先に子どものみ課題の説明を受ける。その後保護者が移動し、子どもが課題のやり方、ルールなどを説明してから親子で行う。

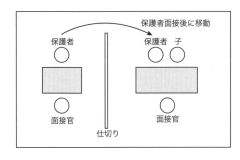

（男子）

### Ａお話作り

風景（山、湖、ボート、岩、森など）が描かれている台紙の上で動物（キツネ、サル、カバ、ウサギ、タヌキ、ウマ、リスなど）の絵カードを使い、親子でお話を作って遊ぶ。

（女子）

### Ｂジェスチャーゲーム

机の上にニワトリ、ライオン、ゾウ、ウサギなどの絵カードが裏返しで置いてある。親子で交互にカードを引き、描いてあるもののジェスチャーをして当てっこをしたり、相手のジェスチャーのまねをしたりして遊ぶ。カードをめくるときは「まねっこまねっこやってみよう」と歌いながら行う。

**1**

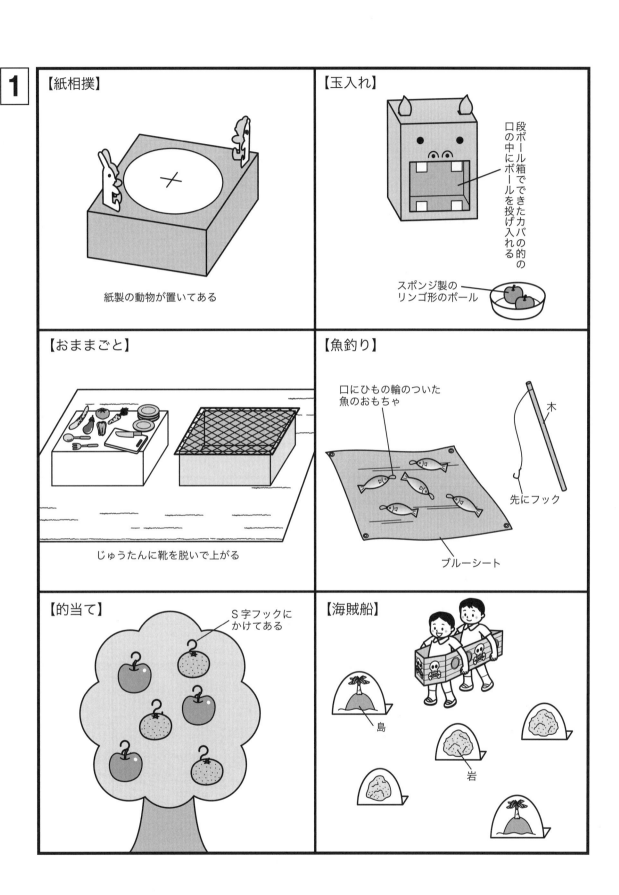

【紙相撲】

紙製の動物が置いてある

【玉入れ】

段ボール箱でできたカバの的の口の中にボールを投げ入れる

スポンジ製のリンゴ形のボール

【おままごと】

じゅうたんに靴を脱いで上がる

【魚釣り】

口にひもの輪のついた魚のおもちゃ

木

先にフック

ブルーシート

【的当て】

S字フックにかけてある

【海賊船】

島

岩

section
# 2017 東京学芸大学附属竹早小学校入試問題

## ■ 選抜方法

**第一次** 抽選で男女350人ずつ選出する。

**第二次** 第一次合格者を対象に、男女別に約25人単位で集団テスト（30〜40分）、親子面接、親子課題（合わせて5〜10分）を行う。

**第三次** 第二次合格者による抽選。

## 集団テスト
5人1組で行う。各自違う動物の顔が描いてある板の上に立ち、その板の前に置いてあるゼッケンを自分でつける。

## ■ 行動観察

グループで協力し、用意されている缶を高く積み上げる。「始め」と「やめ」の合図を守るというお約束がある。

### 1 行動観察・自由遊び

テスターと一緒に準備体操をした後、各コーナーの遊び方の説明を聞き、自由に遊ぶ。遊びを変えるときは、片づけてから次の遊びをするというお約束がある。

- 紙相撲のコーナー…紙相撲の土俵が2つ用意されている。紙でできている動物（クマ、タヌキ、ネズミ、ウサギ）が各土俵に1セットずつあり、正座をして遊ぶ。
- 平均台のコーナー…違う高さのものを組み合わせた平均台の上を渡っていき、ドンジャンケンをして遊ぶ。
- 的当てのコーナー…ボールが当たると鈴が鳴る的当ての的が5つ用意されている。線から前に出ないようにして、カゴの中のゴムボールを的に当てて遊ぶ。
- ボール入れのコーナー…シーソーのように前後に傾く形のボールを投げ入れる箱のあるボードがある。線からその箱にゴムボールを投げ入れて遊ぶ。ボールを入れると傾くので、在校生が適宜支えたりボールを出し入れしたりする。
- 輪投げのコーナー…輪投げをして遊ぶ。3回投げたら、次の人と交代する。
- 積み木のコーナー（男子）…家や道路が描いてあるビニールシートの上で、三角や丸の積み木で車などを作って遊ぶ。
- おままごとのコーナー（女子）…ビニールシートにベッド、テーブル、イス、冷蔵庫が

描いてある。靴を脱いでビニールシートに上がり、用意されているぬいぐるみや食器、野菜などのおままごとセットで遊ぶ。

## 親 子 面 接

親と子に分かれて面接を同時進行で行い、終了後、親子課題を行う。

### 本 人

・お名前を教えてください。
・今日はここまで誰と来ましたか。
・小学1年生になったら、何の遊びがしたいですか。

### 保護者

・本校を志望した理由をお聞かせください。学校案内はお読みになりましたか。
・子育てをするうえで大切にしていることは何ですか。
・子育てで苦労した点はありますか。
・本校に期待することは何ですか。

### 親子課題

先に子どものみ課題の説明を受ける。その後保護者が移動し、子どもが課題のやり方、ルールなどを説明してから親子で行う。

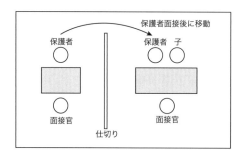

（男子）

「あんなこと、こんなことできますか」と歌いながら、次の4種類の動きを歌に合わせてリズムよく4呼間ずつ踊る。
①両手を口の前でくちばしのように合わせて開いたり閉じたりする。
②両腕を時計の3時と9時の2本の針の向きになるように交互に動かす。
③両手を腰に当て、リズムに合わせて腰を左右に振る。
④両腕をそろえて横に伸ばし左右に振りながら、腕と同じ側の足を横に踏み出す。

（女子）

親子で順番にカードを引いて、ジェスチャーで当てっこをする。机の上に、ゴリラ、忍者、ロケット、鳥、ヘビ、ウサギ、バッタなどの絵カードが裏返しで置いてある。1枚を選び、相手に見えないように表に返して絵を見たら、裏返してカゴに入れる。選んだ絵カードに描いてあったものをジェスチャーで表現し、相手はそれが何かを当てる。3回答えを言っても当たらなかったら、役割を交代する。

① あんなこと、こんなことできますか？

手を顔（口）の前でくちばしのようにして
開いたり閉じたりする

② あんなこと、こんなことできますか？

リズムに合わせて両手を3時・9時・3時・9時
に動かす

③ あんなこと、こんなことできますか？

両手を腰に当て、リズムに合わせて腰を
左右に振る

④ あんなこと、こんなことできますか？

腕を伸ばしている方向と同じ足を横に踏み出す

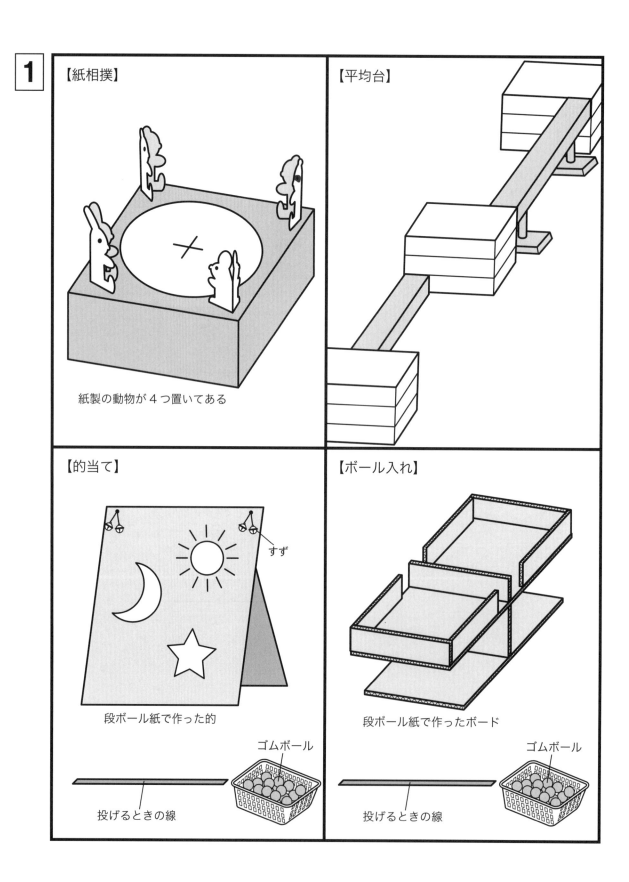

**1**

【紙相撲】

紙製の動物が4つ置いてある

【平均台】

【的当て】

すず

段ボール紙で作った的

投げるときの線

ゴムボール

【ボール入れ】

段ボール紙で作ったボード

投げるときの線

ゴムボール

# 2016 東京学芸大学附属竹早小学校入試問題

## ■ 選抜方法

| 第一次 | 抽選で男女350人ずつ選出する。 |
| --- | --- |
| 第二次 | 第一次合格者を対象に、男女別に約25人単位で集団テスト（30〜40分）、親子面接、親子課題（合わせて5〜10分）を行う。 |
| 第三次 | 第二次合格者による抽選。 |

## ■ 集団テスト

5人1組で行う。各自違う動物の顔が描いてある板の上に立ち、その板の前に置いてあるゼッケンを自分でつける。

### ■ 行動観察

（在校生がお手本を見せてくれる）逆さまにした紙コップの上に円形のお盆が置かれている。お盆にお手玉を1人2個ずつ載せていき、倒れたらまた初めからやり直す。

### 1 行動観察・自由遊び

テスターと一緒に準備体操をした後、各コーナーの遊び方の説明を聞き、自由に遊ぶ。

・ピンボールのコーナー…逆さまにした紙コップを接着したボードが斜めに置かれている。斜面の下から上に向かってボールを転がし、ボールが紙コップに当たりながらどこに転がっていくかを楽しむ遊びをする。

・テーブルホッケーのコーナー…円形のテーブルの縁に、厚紙で作った低い壁が立ててあり、ところどころにすき間が開いている。手のひらに紙製のミトンのようなものをはめて平らなパックを打ち、相手の壁のすき間に落として遊ぶ。

・玉入れのコーナー…ボードに海の生き物が描かれていて、その口などに穴が開けられている。ボードの前には海に見立てたビニールシートが敷いてあり、その上に乗らないようにして、ボードの穴にゴムボールを投げ入れて遊ぶ。

・平均台のコーナー…L字形に設置された平均台（高さ約10cm）でドンジャンケンをして遊ぶ。

・町の地図遊びのコーナー（男子）…道路や線路が描かれたシートと、立方体や直方体の積み木が置いてある。シートの上で積み木を車や電車に見立てて遊ぶ。

・おままごとのコーナー（女子）…用意されている食器、人形などのおままごとセットで、おままごとをして遊ぶ。

## 親 子 面 接

親と子に分かれて面接を同時進行で行い、終了後、親子課題を行う。

### 本 人

・お名前を教えてください。
・今日はここまで誰とどうやって来ましたか。
・（笑顔の絵を見せて）あなたはどのようなときに笑顔になりますか。

### 2 言語・常識（想像力）

A
（男の子と女の子が座っておにぎりを食べようとしている絵を見せられる。テスターが一方の子、子どもがもう一方の子という設定）おにぎりを一緒に食べましょう。おにぎりの中身は何だと思いますか。

B
（男の子と女の子が走っている絵を見せられる）どこに行くところだと思いますか。どうして走っているのでしょう。

### 保護者

・子どもの主体性についてどうお考えですか。
・お子さんはどのようなことが得意ですか。

### 📖 親子課題

先に子どものみ課題の説明を受ける。その後保護者が移動し、子どもが課題のやり方、ルールなどを説明してから親子で行う。

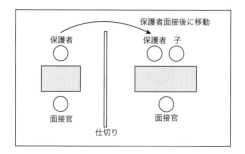

（男子）
音を鳴らして遊ぶさまざまなものが机の上に置いてある。

・子どもが音を鳴らしながら動物の名前を1つ言う。その後、親も同じように音を鳴らして動物の名前を1つ言う。次に親が先に音を鳴らして違う動物の名前を1つ言い、子どもが続く。そのまま子→親→親→子の順番で続ける。

〈用意されているもの〉

風船をはめた　　　アルミ缶　　プラスチックの箱　ドングリが　　　水が入っている
ガムテープの芯　　　　　　　　　　　　　　　　　入っている　　　ポリタンク
　　　　　　　　　　　　　　　　　　　　　　　　ペットボトル

（女子）

さまざまな色と形のパターンブロックが机の上に用意されている。

・パターンブロックを同じ色が続かないように、親子で交互に1個ずつできるだけ高く積む。

・机の上に向かい合うようについている青い印のところに、青いひし形のパターンブロックを並べる。正方形のオレンジ色のパターンブロックを机の真ん中に1個置き、親子で交互に指ではじいて青いひし形のパターンブロックに当てる。当てた青いひし形のパターンブロックは、それぞれ自分の紙コップに入れる。

**1**

【ピンボール】

接着した紙コップ

下からボールを転がす

【テーブルホッケー】

紙製のミトンのようなもの

パック

テーブルの縁に厚紙で
作った壁

【玉入れ】

穴が開いている

海に見立てた
ビニールシート

カゴの中に
ゴムボール
が入っている

【平均台】

**2**
**―**
**A**

**B**

# 2015 東京学芸大学附属竹早小学校入試問題

## ■ 選抜方法

| 第一次 | 抽選で男女350人ずつ選出する。 |

| 第二次 | 第一次合格者を対象に、男女別に20〜25人単位で集団テスト（30〜40分）、親子面接、親子課題（合わせて5〜10分）を行う。 |

| 第三次 | 第二次合格者による抽選。 |

---

### ┃ 集団テスト

┃ 5人1組で行う。各自違う動物の顔が描いてある板の上に立ち、その板の前に置いてあるゼッケンを自分でつける。

### ■ 行動観察

体育館の床の5ヵ所に×印がかいてあり、そこに多数のプラスチックコップが用意されている。グループごとに×印のところに集まり、協力してプラスチックコップをできるだけ高く積み上げていく。（在校生がお手本を見せてくれるが同じでなくてもよい）

### 1 行動観察・自由遊び

テスターと一緒に準備体操をした後、各コーナーの遊び方の説明を聞き、自由に遊ぶ。
・玉入れのコーナー…口を大きく開けた段ボール箱でできたカバの顔がある。カバの口の中に、リンゴの形をしたボールを投げ入れて遊ぶ。
・ボウリングのコーナー…途中に障害物がある木の板でできた坂道がある。下に並んでいるペットボトルを坂の上からよく狙ってボールを転がし、倒して遊ぶ。
・お弁当屋さんごっこのコーナー…クリップのついた、毛糸などでできた模擬の食べ物がある。先に磁石がついた木製の釣りざおで好きな食べ物を釣り上げ、用意されているお弁当箱に入れて自分のお弁当を作る。テーブルに持っていき、食べるまねをして遊ぶ。
・平均台のコーナー…L字形に設置された平均台（高さ約10cm）でドンジャンケンをして遊ぶ。

### ┃ 親 子 面 接

┃ 親と子に分かれて面接を同時進行で行い、終了後、親子課題を行う。

---

### 本　人

・お名前を教えてください。

・今日は誰とどうやってここまで来ましたか。

・あなたがきれいだと思うものは何ですか。

### 保護者

・学校案内を読まれてどのように感じましたか。

・お子さんの主体性についてお話しください。

・本校は主体性を大切にしますが、その点についてどうお考えですか。

## 2 親子課題

### お話作り

左右で動物たちの様子が少し違う絵が机に置いてある。

・右から左のように絵の様子が変わりました。それぞれの動物の気持ちになって親子でお話を考えて発表してください。

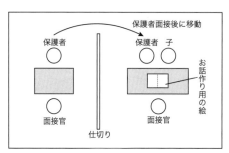

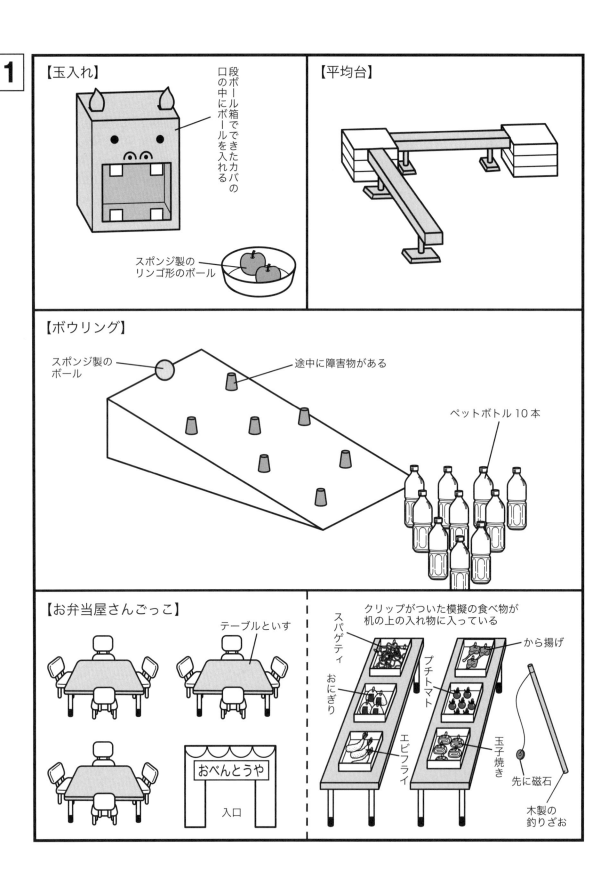

**1**

【玉入れ】

段ボール箱でできたカバの口の中にボールを入れる

スポンジ製のリンゴ形のボール

【平均台】

【ボウリング】

スポンジ製のボール

途中に障害物がある

ペットボトル10本

【お弁当屋さんごっこ】

テーブルといす

おべんとうや

入口

クリップがついた模擬の食べ物が机の上の入れ物に入っている

スパゲティ

おにぎり

プチトマト

から揚げ

エビフライ

玉子焼き

先に磁石

木製の釣りざお

**2** 〈右側〉

〈左側〉

# 2014 東京学芸大学附属竹早小学校入試問題

## ■ 選抜方法

| 第一次 | 抽選で男女350人ずつ選出する。 |

| 第二次 | 第一次合格者を対象に、男女別に20〜25人単位で集団テスト（30〜40分）、親子面接、親子課題（合わせて5〜10分）を行う。 |

| 第三次 | 第二次合格者による抽選。 |

## ▌ 集団テスト

各自違う動物の顔が描いてある板の上に立ち、その板の前に置いてあるゼッケンを自分でつける。

### 1 行動観察・自由遊び

テスターに各コーナーの遊び方の説明を聞き、自由に遊ぶ。在校生が手本を見せたり一緒に遊ぶことがある。

・平均台のコーナー（男女共通）…設置された平均台（高さ約10cm）でドンジャンケンをして遊ぶ。

・魚釣りのコーナー（男女共通）…磁石で釣れるようになっている魚のおもちゃを釣って遊ぶ。

・ドーナツ転がしのコーナー（男女共通）…ドーナツの形をしたおもちゃを縦に転がし、いろいろな形と大きさの段ボール紙でできたトンネルに通して遊ぶ。

・車ごっこのコーナー（男子）…何人かで乗れる大きさの、ハンドルといすがついた車のおもちゃが用意されていて、好きなように遊ぶ。

・パン屋さんごっこのコーナー（女子）…机の上にいろいろな模擬のパンが置いてある。好きなパンを買ってテーブルに着き、用意されたスプーン、フォーク、皿を使って食べるまねをして、食べ終わったらお店の人にお礼を言う。

## ▌ 親子面接

入室してから親子で立ったまま、子どもだけ質問をされる。その後親と子に分かれて面接を同時進行で行い、終了後、親子課題を行う。

### 本 人

・お名前を教えてください。

・今日はここまで誰とどうやって来ましたか。
・今日はここまで何人で来ましたか。
・好きな遊びは何ですか。
・好きな食べ物を3つ言ってください。
・あなたの誕生日を教えてください。

### 保護者

・学校案内を読まれてどのように感じましたか。
・本校独自のカリキュラムについてご理解いただけていますか。

### 本　人

・よく見るテレビ番組は何ですか。
・行きたい所はありますか。そこへはどうやって行きますか。

## 親子課題

（男子）
**言　語**
生き物の絵カード（カエル、クマ、ネズミ）が3枚、机の上に並べて置いてある。
・好きな生き物はどれですか。
・もうすぐ○○君（先ほど選んだ生き物）の誕生日です。どんなお祝いをしてあげるか、親子で相談してください。

（女子）
**言　語**
動物の絵カード（ウサギ、ゾウ、ウマ）が3枚、机の上に並べて置いてある。
・好きな動物はどれですか。
・○○さん（先ほど選んだ動物）の家族があなたのお家の隣に引っ越してきました。仲よくするためにどうしたらよいか、親子で相談してください。

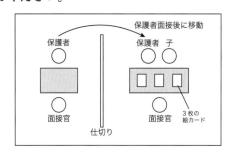

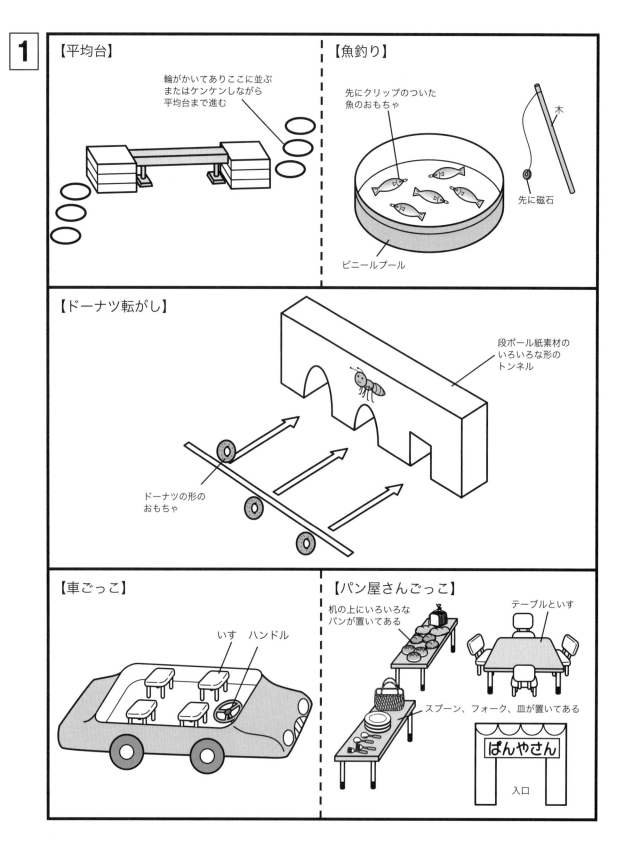

# 1

【平均台】

輪がかいてありここに並ぶ
またはケンケンしながら
平均台まで進む

【魚釣り】

先にクリップのついた
魚のおもちゃ

木

先に磁石

ビニールプール

【ドーナツ転がし】

段ボール紙素材の
いろいろな形の
トンネル

ドーナツの形の
おもちゃ

【車ごっこ】

いす　ハンドル

【パン屋さんごっこ】

机の上にいろいろな
パンが置いてある

テーブルといす

スプーン、フォーク、皿が置いてある

ぱんやさん

入口

# section 2013 東京学芸大学附属竹早小学校入試問題

## ■ 選抜方法

| 第一次 | 抽選で男女350人ずつ選出する。 |

| 第二次 | 第一次合格者を対象に、男女別に20～25人単位で集団テスト（30～40分）、親子面接、親子課題（合わせて5～10分）を行う。 |

| 第三次 | 第二次合格者による抽選。 |

## ■ 集団テスト

各自違う動物の顔が描いてある板の上に立ち、その板の前に置いてあるゼッケンを自分でつける。

### 1 行動観察・自由遊び

テスターに各コーナーの遊び方の説明を聞き、自由に遊ぶ。在校生が手本を見せたり一緒に遊ぶことがある。

- 平均台のコーナー（男女共通）…S字形に設置された平均台（高さ約10cm）でドンジャンケンをして遊ぶ。
- ブロック遊びのコーナー（男女共通）…ブロックを使って好きなように遊ぶ。
- 玉入れのコーナー（男子）…サンタクロースとトナカイの絵が描いてある台(高さ約1m)にそれぞれ袋がついていて、アンパンマンの顔などイラストが描かれたゴムボールをその袋に投げ入れて遊ぶ。
- ボール投げのコーナー（女子）…穴の開いた大きな箱に、ゴムボールを投げ入れる。
- 電車ごっこのコーナー（男子）…ハンドルつきの運転席と、お客さん用の長いすが用意されていて、好きなように遊ぶ。
- お菓子屋さんごっこのコーナー（女子）…机の上にいろいろなお菓子が並べて置いてあるので、好きなお菓子を買い、テーブルに着く。用意されたスプーン、フォーク、皿を使い食べるまねをし、食べ終わったらお店の人にお礼を言う。

## ■ 親子面接

入室してから親子で立ったまま、子どもだけ質問をされる。その後親と子に分かれて面接を同時進行で行い、終了後、親子課題を行う。

### 本 人

・お名前を教えてください。
・今日は誰とどうやってここまで来ましたか。

**保護者**

・学校案内を読まれてどのように感じましたか。本校に期待することと、何か不安に思われることを1点ずつお話しください。
・本校のカリキュラムについてご理解いただけていますか。
・学校の授業で、「先生が実習生だったからうまくいかなかった」と、お子さんが話してきたらどうしますか。

**本　人**

・よく見るテレビ番組は何ですか。
・行きたい所はありますか。そこへは何で行きますか。

## 親子課題

（男子）
**2言語（クイズ作り）**
※子どもはテスターとクイズを出す練習をした後、親子でクイズを出し合い、お互いに答える。
・（乗り物が描かれたプリントを見せられて）この中から好きなものを選んで、親子でお互いにクイズを考えてください。
・（動物が描かれたプリントを見せられて）この中から好きなものを選んで、親子でお互いにクイズを考えてください。

（女子）
**課題遊び（電車ごっこ）**
部屋にフラフープが3つ置いてある。
・フラフープを駅に見立てて親子で電車ごっこをしましょう。

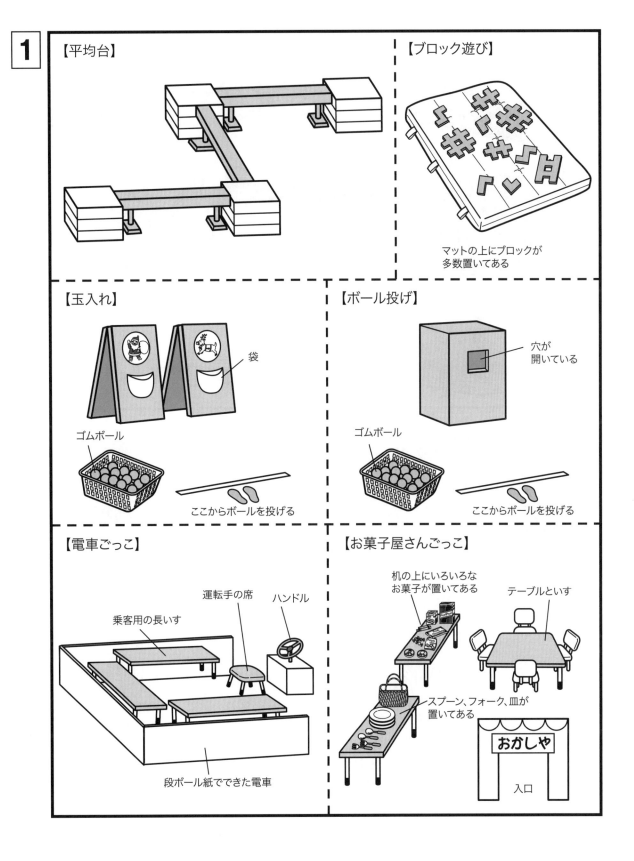

**1**

【平均台】

【ブロック遊び】

マットの上にブロックが
多数置いてある

【玉入れ】

袋

ゴムボール

ここからボールを投げる

【ボール投げ】

穴が
開いている

ゴムボール

ここからボールを投げる

【電車ごっこ】

乗客用の長いす

運転手の席

ハンドル

段ボール紙でできた電車

【お菓子屋さんごっこ】

机の上にいろいろな
お菓子が置いてある

テーブルといす

スプーン、フォーク、皿が
置いてある

おかしや

入口

2

# section 2012 東京学芸大学附属竹早小学校入試問題

## ■ 選抜方法

| 第一次 | 抽選で男女350人ずつ選出する。 |

| 第二次 | 第一次合格者を対象に、男女別に20〜25人単位で集団テスト、親子面接、親子課題を行う。所要時間は約50分。 |

| 第三次 | 第二次合格者による抽選。 |

---

## 集団テスト

各自違う動物の顔が描いてある位置に立ち、その前に置いてあるゼッケンを自分でつける。

### 1 行動観察・自由遊び

テスターに各コーナーの遊び方の説明を聞き、在校生がお手本を見せる。

・的当てのコーナー…ぶら下がっている鈴に赤い玉を投げて遊ぶ。

・輪投げのコーナー…輪投げをして遊ぶ。

・平均台のコーナー…L字形に設置された平均台を渡って遊ぶ。

・玉転がしのコーナー…丸い板の中に厚紙で壁が作ってあり、その板を両手で持って落とさないように動かしながらピンポン球を転がして、真ん中の穴に入れて遊ぶ。

・ブロック遊びのコーナー…ブロックを使って好きなように遊ぶ。

・バスごっこのコーナー（男子）…ハンドルつきの運転席と、お客さん用の長いすが用意されていて、好きなように遊ぶ。

・ケーキ屋さんごっこのコーナー(女子)…机の上にいろいろな模擬のケーキが並べて置いてあるので、好きなケーキを買い、テーブルに着く。用意されたスプーン、フォーク、皿を使い食べるまねをして、食べ終わったらお店の人にお礼を言う。

---

## 親子面接

親と子に分かれて面接を同時進行で行い、終了後、親子課題を行う。

### 本人

・お名前を教えてください。

---

・今日は誰とどうやってここまで来ましたか。

・好きな食べ物は何ですか。

・好きな遊びは何ですか。

・どんなときにお父さんとお母さんからほめられますか。

**保護者**

・学校案内を見てどのように感じましたか。１分間でお話ししてください。

📖 **親子課題**

（男子）

**②お話作り**

・（上の絵を見せられて）どの動物が一番好きですか。その動物は何と言っていると思いますか。

・（下の絵を見せられて）どんなお話か親子で一緒に考えて、自由にお話をしてください。

（女子）

**課題遊び**

４種類のボール、小さいバケツ、ゴミ箱が置いてある。

・親子でこれらを使ってどのように遊ぶか考えて、一緒に遊んでください。

**1**

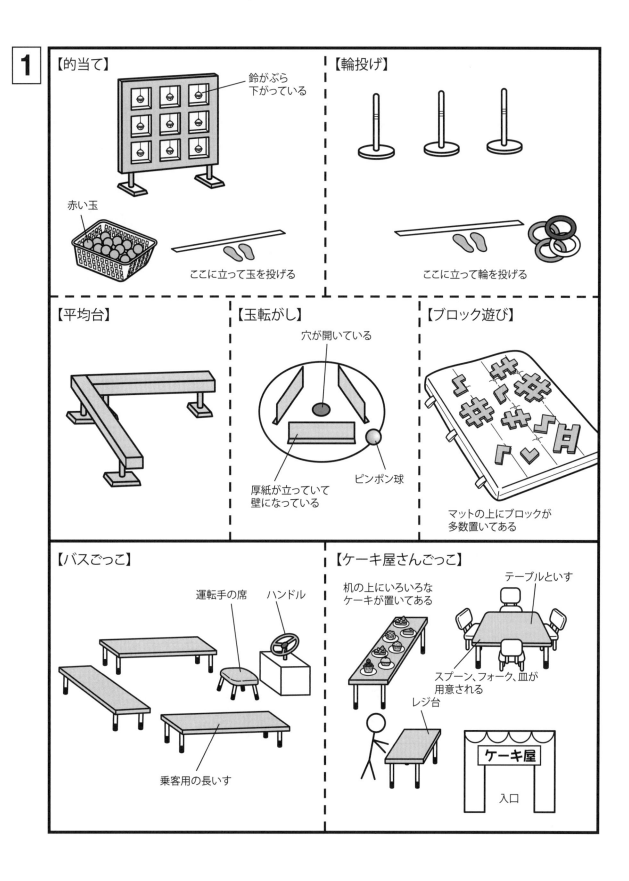

【的当て】
鈴がぶら下がっている
赤い玉
ここに立って玉を投げる

【輪投げ】
ここに立って輪を投げる

【平均台】

【玉転がし】
穴が開いている
ピンポン球
厚紙が立っていて壁になっている

【ブロック遊び】
マットの上にブロックが多数置いてある

【バスごっこ】
運転手の席
ハンドル
乗客用の長いす

【ケーキ屋さんごっこ】
机の上にいろいろなケーキが置いてある
テーブルといす
スプーン、フォーク、皿が用意される
レジ台
ケーキ屋
入口

# section
# 2011 東京学芸大学附属竹早小学校入試問題

## ■ 選抜方法

| 第一次 | 抽選で男女約400人ずつ選出する。 |

| 第二次 | 第一次合格者を対象に、男女別に20〜25人単位で集団テストと個別テストを行う。 |

| 第三次 | 第二次合格者による抽選。 |

## ▌ 集団テスト

### ■ 行動観察・自由遊び

次のようなコーナーで遊ぶ。

- ミニカーのコーナー…ミニカーが置いてあり、自由に動かして遊ぶ。
- 釣りのコーナー…磁石で釣れるようになっている魚を釣って遊ぶ。
- ボウリングのコーナー…ボウリングをして自由に遊ぶ。
- 平均台のコーナー…L字形に設置された約10cmの高さの平均台を渡って遊ぶ。

### ■ 模倣体操

テスターのお手本通りに以下の課題を行う。

手をたたいて手を上に伸ばす→手をたたいて手を横に広げる→手をたたいて手を前に伸ばす→手をたたいて気をつけをする。

### ■ 絵画（課題画）

好きな乗り物をフェルトペンで描く。

## ▌ 個別テスト

### ■ 言　語

絵を描いている間に1人ずつ呼ばれて質問される。

- お名前を教えてください。

・誰と一緒に来ましたか。どうやって来ましたか。
・何を描いているのですか。
・バスや電車に乗ったことがありますか。
・バスや電車の中で気をつけていることはありますか。

# section
# 2010 東京学芸大学附属竹早小学校入試問題

## ■ 選抜方法

**第一次** 抽選で男女約400人ずつを選出する。

**第二次** 第一次合格者を対象に、男女別に20～25人単位で集団テストと個別テストを行う。

**第三次** 第二次合格者による抽選。

## ▌ 集団テスト

### ■ 行動観察・自由遊び

輪投げ、ボール、おままごとセット、平均台が設置されている。その用意されている遊具で好きに遊ぶ。テスターが「おしまい」と言ったら、片づけをする。

### ■ 課題遊び

5、6人1組で行う。磁石で道を作り、ビー玉を転がして遊ぶ。

### ■ 模倣体操

テスターのお手本通りに、両手をつま先→肩→上に上げてキラキラとさせながら下ろす。

## ▌ 個別テスト

### ■ 行動観察

部屋に入ると、テスターから動物のカードが渡される。自分のカードと同じカードが置いてある机まで行き、じゅうたんの上に座る。座ったまま、机の上でドミノ遊びを行う。

### ■ 言　語

個別テストの課題のとき、1人ずつ呼ばれて質問される。
・幼稚園（保育園）のお友達の名前を教えてください。
・お友達にしてもらってうれしいこと、お友達とする遊びで一番好きなことは何ですか。

# 2009　東京学芸大学附属竹早小学校入試問題

## ■ 選抜方法

| 第一次 | 抽選で男女約400人ずつを選出する。 |

| 第二次 | 第一次合格者を対象に、男女別に20〜25人単位で集団テストと個別テストを行う。 |

| 第三次 | 第二次合格者による抽選。 |

## ▌ 集団テスト ▎ 1つ目の部屋へ入室後、動物の顔が描いてあるマットの前にあるゼッケンをつける。自由遊びの片づけが終わったらゼッケンを元の場所に置く。

### ■ 行動観察・自由遊び

1つ目の部屋へ入室後、次のような4つのコーナーで遊ぶ。
・ボール転がしのコーナー…動物たちの絵がついた斜面がある。ところどころに穴が開けてあり、そこにボールが入るように上から転がして遊ぶ。
・おままごとと楽器のコーナー…おままごとセットを使って遊ぶ。カスタネットやマラカス、タンバリンなども一緒に置いてある。
・平均台のコーナー…L字形に設置された約10cmの高さの平均台を渡って遊ぶ。
・電車ごっこのコーナー…段ボール箱でできた電車で遊ぶ。

2つ目の部屋に移動後、マークのついた帽子を渡され、それをかぶる。次のような3つのコーナーで遊ぶ。
・パズルのコーナー…絵のついたパズルで遊ぶ。
・絵本のコーナー…動物の本などが置いてあり、好きに読んで遊ぶ。
・パターンブロックのコーナー…パターンブロックを使って好きなように遊ぶ。

### ■ 言語・推理

3、4人1組で行う。ウサギとネズミとクマのぬいぐるみを見ながら質問に答える。
・どんなぬいぐるみが好きですか。
・どんなところが好きですか。
・みんなで箱の横の穴から手を入れて、どのぬいぐるみが入っているか当てましょう。

## 行動観察

　3、4人1組で行う。1人ずつ絵カードを配られ、指示があるまで裏返しのままで待つ。指示があって、絵カードをめくると、サメ、クジラ、オタマジャクシ、キンギョなどの絵が描いてあり、みんなで相談して体が大きい順番に並べる。

# 個別テスト

## 言　語

　それぞれの部屋で遊んでいる間に1人ずつ呼ばれて質問される。

・お名前を教えてください。

・今日は誰とどうやって来ましたか。

・家族は何人ですか。どなたがいますか。

・お父さんと何をして遊ぶのが好きですか。

・お母さんとどんなことをお話ししていますか。

# 2024 学校別過去入試問題集

✎ 年度別入試問題分析【傾向と対策】　✎ 学校別入試シミュレーション問題　✎ 解答例集付き

 青山学院初等部 入試問題集

 お茶の水女子大学附属竹早小学校 入試問題集

 学習院初等科 入試問題集

 暁星小学校 入試問題集

 国立学園小学校 入試問題集

 慶應義塾幼稚舎 入試問題集

 光塩女子学院初等科 入試問題集

 淑徳小学校 宝仙学園小学校 入試問題集

 昭和女子大学附属昭和小学校 サレジアン国際学園目黒星美小学校 入試問題集

 白百合学園小学校 入試問題集

 成蹊小学校 入試問題集

 成城学園初等学校 玉川学園小学部 入試問題集

 聖心女子学院初等科 入試問題集

 筑波大学附属小学校 入試問題集 -I

 筑波大学附属小学校 入試問題集 -II

 田園調布雙葉小学校 入試問題集

 伸芽会の有名小学校合格シリーズ　Shinga-kai

 東京学芸大学附属大泉小学校 入試問題集

 東京学芸大学附属小金井小学校 入試問題集

 東京学芸大学附属世田谷小学校 入試問題集

 東京女学館小学校 入試問題集

 カラーページ増殖中！ ※2022年秋実施の入試問題を含む 過去5～15年間分 全44冊52校掲載 解答例集付き 定価3410円～3520円（本体3100円～3200円＋税10%）

 東京都市大学付属小学校 入試問題集

 桐朋小学校 入試問題集

 桐朋学園小学校 入試問題集

 東洋英和女学院小学部 入試問題集

 日本女子大学附属豊明小学校 入試問題集

 雙葉小学校 入試問題集

 立教小学校 入試問題集

 立教女学院小学校 入試問題集

 早稲田実業学校初等部 入試問題集

 東京農業大学稲花小学校 桐光学園小学校 入試問題集

 慶應義塾横浜初等部 入試問題集

 湘南白百合学園小学校 入試問題集

 精華小学校 入試問題集

 洗足学園小学校 入試問題集

 桐蔭学園小学校 入試問題集

 森村学園初等部 カリタス小学校 入試問題集

 横浜国立大学教育学部附属横浜小学校・鎌倉小学校 入試問題集

 横浜雙葉小学校 入試問題集

 開智小学校 開智望小学校 入試問題集

 埼玉大学教育学部附属小学校 入試問題集

 さとえ学園小学校 入試問題集

 西武学園文理小学校 入試問題集

 国府台女子学院小学部 昭和学院小学校 入試問題集

 千葉大学教育学部附属小学校 入試問題集

全国の書店・伸芽会出版販売部にお問い合わせください。

 伸芽会　出版販売部 **03-6914-1359** （10:00～18:00 月～金）

〒171-0014 東京都豊島区池袋 2-2-1 7F　https://www.shingakai.co.jp

 2023年2月より順次発売中！

© '06 studio*zucca

［過去問］ 2024

# お茶の水 女子大学 附属小学校 入試問題集

## 解答例

**✳ 解答例の注意**

この解答例集では、個別テスト、集団テストの中にある□数字がついた問題、入試シミュレーションの解答例を掲載しています。それ以外の問題の解答はすべて省略していますので、それぞれのご家庭でお考えください。（一部□数字がついた問題の解答例の省略もあります）

入試シミュレーションの
解答例もあります！

© 2006 studio*zucca

※ ① は解答省略

※ ① ‐ⓒ、② の 1 問目は解答省略。③ は番号順に左から並べる

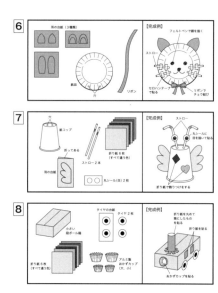

※ ④ ‐Ⓑ、⑤ の 2 問目は解答省略

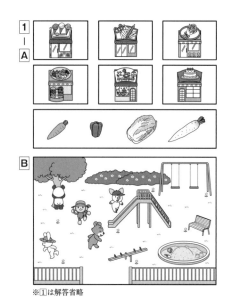

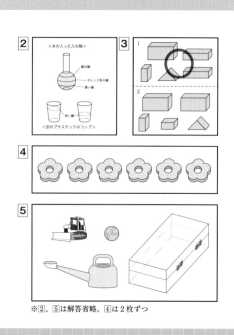

※ ① は解答省略

※ ②、⑤ は解答省略。④ は 2 枚ずつ

1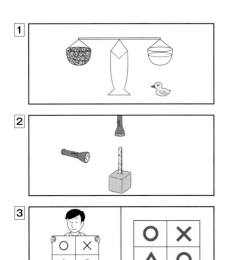

2

3

※ 1、2 は解答省略

4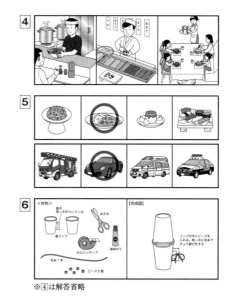

5

6

※ 4 は解答省略

7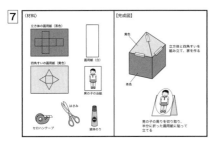

8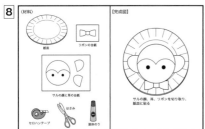

1 − A

B

※ 1 は解答省略

2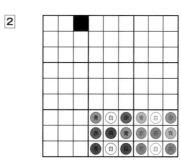

3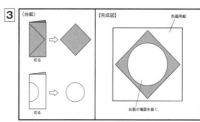

※ 2 の 2 問目は茶色、3 問目は赤

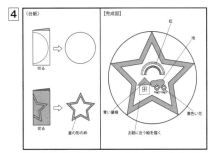

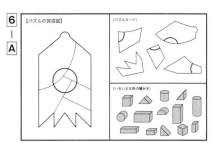

## 2019 解答例

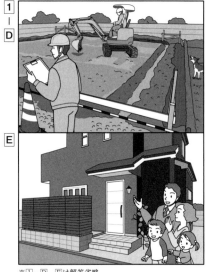

※1-A、Cは解答省略

※1-D、Eは解答省略

※1-F、G、2-A、Bは解答省略

※4は解答省略

## 2019 解答例

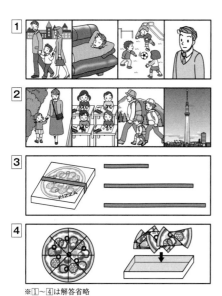

## 2018 解答例

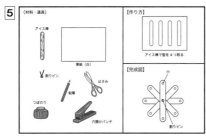

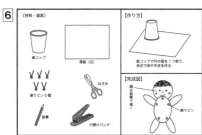

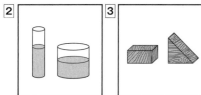

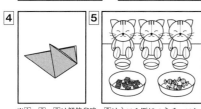

※①、②、③は解答省略。⑤はネコ1匹につきチョコレート2つとアメ1つになるように分ける

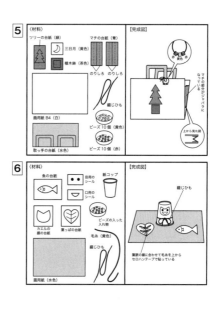

## 2017 解答例

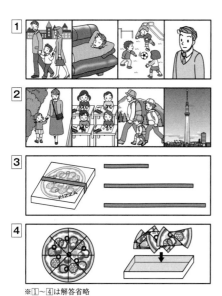

※①〜④は解答省略

**1** 〈大・中・小の積み木〉

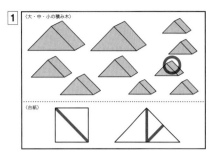

〈台紙〉

**2**

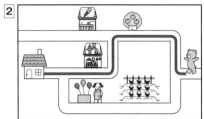

※ ①の2問目は同じ大きさ。3問目の解答は台紙に表示、複数解答あり

**3** 〈台紙〉

〈さまざまな形の紙〉

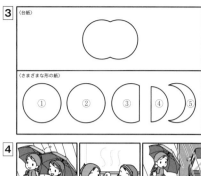

**4**

※ ③の1問目は①と②または①か②と③、2問目は③と④と⑤。④は解答省略

**5** 〈材料〉

台紙A / 台紙B / はさみ / スティックのり / 毛糸

〈絵本の作り方〉

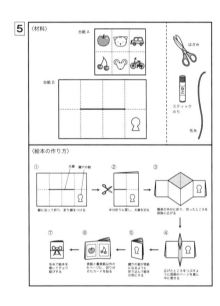

**6** 〈材料〉

しっぽの台紙 / うろこの台紙 / 丸シール（黒）2枚 / スティックのり / 胸びれ用の画用紙（黄色） / 紙皿 / はさみ / 毛糸

【完成例】

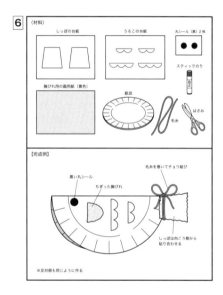

黒い丸シール / ちぎった胸びれ / 毛糸を巻いてチョウ結び / しっぽは向こう側から貼り合わせる

※反対側も同じように作る

**7** 〈材料〉

画用紙（紺色） / お花紙（黄色） / お花紙（ピンク） / 星と月が描かれた台紙（黄色） / ビーズ3個 / はさみ / スティックのり / セロハンテープ

【完成例】

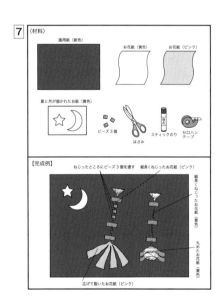

ねじったところにビーズ3個を通す / 細長くねじったお花紙（ピンク） / 細長くねじったお花紙（黄色） / 丸めたお花紙（黄色） / 広げて裂いたお花紙（ピンク）

## 2015 解答例

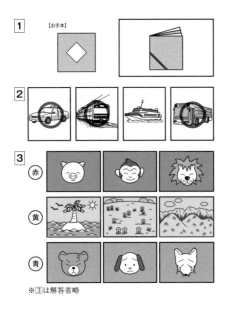

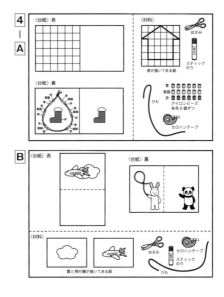

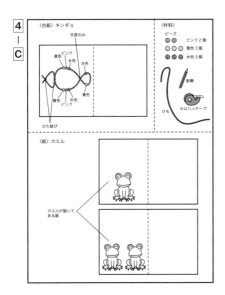

## 2014 解答例

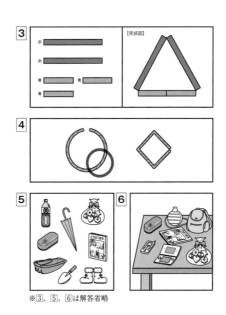

7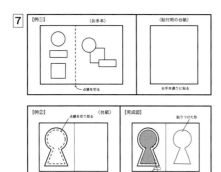

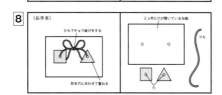

8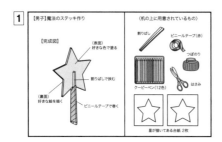

1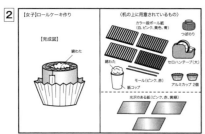

2 

1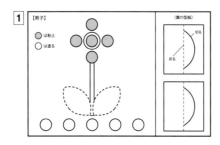

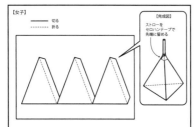

# 入試シミュレーション 解答例

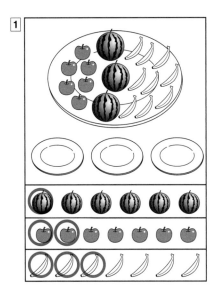

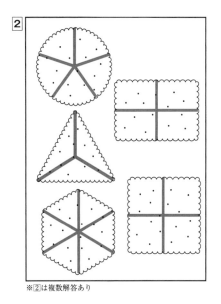

※②は複数解答あり

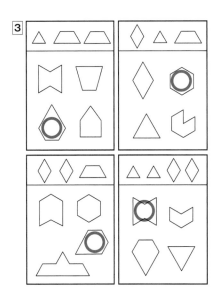

※④は解答省略

※⑤は解答省略

※⑥、⑦は解答省略

8
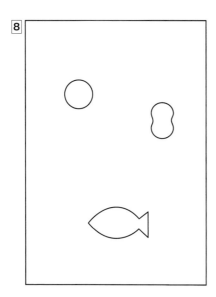

9
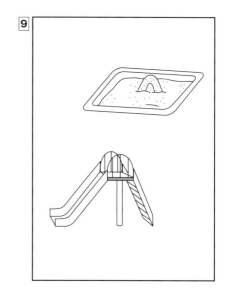

10
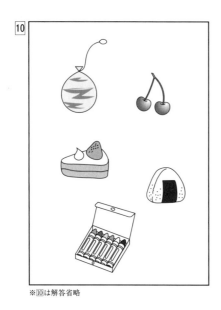

※10は解答省略

11

※11は解答省略

12
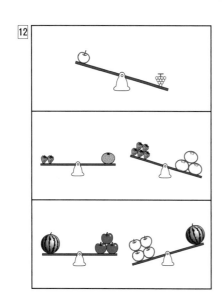

13

※13は解答省略

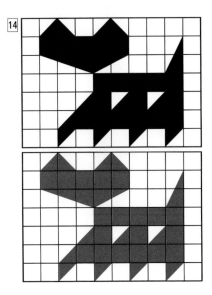

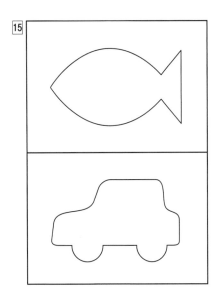

Shinga-kai